그날의
대화

그날의 대화

지은이 | 하용조
초판 발행 | 2017. 2. 27

등록번호 | 제1988-000080호
등록된 곳 | 서울특별시 용산구 서빙고로 65길 38
발행처 | 사단법인 두란노서원
영업부 | 2078-3352   FAX | 080-749-3705
출판부 | 2078-3331

책값은 뒤표지에 있습니다.
ISBN 978-89-531-2740-1 03230

독자의 의견을 기다립니다.
tpress@duranno.com   www.duranno.com

• 본문에 인용된 성경은 표기가 없는 한 개역개정임을 밝힙니다.
• 본서에 실린 인터뷰 기사는 해당 저작권사(자)의 허락을 받고 사용하였습니다.

두란노서원은 바울 사도가 3차 전도여행 때 에베소에서 성령 받은 제자들을 따로 세워 하나님의 말씀으로 양육하던 장소입니다. 사도행전 19장 8-20절의 정신에 따라 첫째 목회자를 돕는 사역과 평신도를 훈련시키는 사역, 둘째 세계선교(TIM)와 문서선교(단행본·잡지) 사역, 셋째 예수문화 및 경배와 찬양 사역, 그리고 가정·상담 사역 등을 감당하고 있습니다. 1980년 12월 22일에 창립된 두란노서원은 주님 오실 때까지 이 사역들을 계속할 것입니다.

하용조
목사가
생전에 나눈
인터뷰

그날의 대화

하용조 지음

존 스토트
빌 하이벨스
닉 부이치치
미네노 타쯔히로
대천덕
주선애
홍정길
이동원

두란노

차례

서문을 대신하며 | 6

| 닉 부이치치 | 고난이 축복입니다 | 9
| 조용기 | 고난이 심할수록 성령님의 은혜는 더욱 강합니다 | 23
| 연합뉴스 | 고난의 파도를 타면 인생은 스포츠가 됩니다 | 35
| 온누리신문 | 하나님만이 정답입니다 | 47
| CGNTV | 고통은 위장된 축복입니다 | 55
| 온누리신문 | 새 힘을 주시는 하나님을 신뢰하십시오 | 71
| 조정민 | 예수님과 함께하면 행복합니다 | 79

옥한흠, 홍정길, 이동원	한국 교회, 세상 속에서 소금맛을 냅시다	89
존 스토트	신학자인 목회자, 목회자인 신학자가 필요합니다	115
대천덕, 주선애	공동체성이 회복되면 한국 교회는 살아납니다	135
빌 하이벨스	팀 사역으로 21세기를 시작하십시오	155
목회와 신학	사랑하면 창의적이 됩니다	175
미네노 타쯔히로	사랑의 대국이 되기를 소망합니다	201
이태형	설교는 하나님의 생각을 전하는 것입니다	221
빛과소금	기본이 곧 전부입니다	233

서문을 대신하며

예수님을 더 깊이 생각하십시오

봄이 되면 우리는 예수님의 십자가와 부활을 진하게 생각하게 됩니다. 골고다 언덕 위에 홀로 인류의 죄를 지고 서신 예수님이 지금 피 묻은 손을 우리에게 내밀며 다가오십니다. 우리의 문제는 예수님을 피상적으로 알고 가볍게 생각하며 적당히 바라보는 데 있습니다. 우리의 세상살이가 피상적이요, 가볍게 적당하게 관계하는 것과 같습니다. 수많은 사람들과 인사하고 악수했으나 그중 한두 사람과도 깊게 사귀는 사람이 없기 때문에 언제나 홀로 고독합니다. 피곤하고 기분만 좋았을 뿐입니다.
'예수를 깊이 생각한다'는 의미는 예수 그리스도에게 생각을 고정시키고 묶어 두는 것을 의미합니다. 영혼의 닻을 내린 사람처럼 예수를 생각하고 있는 사람에게는 노도 광풍이 무섭지 않습니다. 돈과 명예와 성공에 흔들리지 않습니다. 이해관계나 체면과 전통의 노예가 되지 않습니다.
우리는 너무나 세상을 열심히 바라보고 있습니다. 교회는 세상과 비슷한 소리와 행동으로 만족하고 감격하고 있습니다. 사랑보다는 숫자를 세고, 용서보다는 헌금에 관심이 있습니다. 결국 우리도 세상처럼 성공이 중요해졌습니다. 우리 모두 베드로처럼 예수님을 깊이 생각하지 못했기 때문에 결국 물에 빠지게 되었습니다. 더 이상 우리 힘과 방법으로 어찌 할 수 없게 된 것입니다.

우리는 다시 한 번 주님을 더 깊이 생각하고 바라보아야 할 시점에 서 있습니다. 화려한 궁전이 아니라 말구유에 태어나신 예수님을 더 깊이 생각합시다. 12살에 성전에서 율법을 토론하던 예수님을 더 깊이 생각합시다. 빵보다 말씀을, 인기보다는 진리를, 다수보다는 소수를 선택하신 예수님을 더 깊이 생각합시다. 그 주위에는 소외된 자, 병든 자, 귀신들린 자, 천한 사람들이 항상 있었습니다. 사랑하는 제자와 배신의 쓴 잔을 마셔야 하셨습니다. 피땀 흘려 기도하실 때 사랑하는 제자들마저 졸고 있었습니다. 그러나 그들을 끝까지 사랑하셨고 생명을 바치셨습니다. 생각할수록 예수님은 끝이 없으신 분이요, 바라볼수록 한이 없으신 분입니다. 아침에 예수님으로 눈을 뜨고 저녁에 예수님으로 눈을 감읍시다. 예수님만 찬양하고 예수님만 경배하고 예수님만 말하고 예수님만 전합시다. 예수님에게 미치고 예수님에게 생애 전체를 드립시다.

- 1986년 3월호〈빛과소금〉에서

고난이 축복입니다

2010년 3월 국민일보 닉 부이치치와 대담

40여 년 전 폐결핵을 시작으로 당뇨, 고혈압, 7차례 암 수술, 혈액 투석, 심근 경색, 부정맥 등 '종합 병동'이라는 별명을 갖고 있는 하용조 목사가 '수족 없는 삶'(Life Without Limbs)의 설립자 닉 부이치치를 만난 뒤 한 말이다. 두 팔과 두 다리가 없는 닉은 온누리교회, 대구동신교회, 부산 호산나교회, 여의도순복음교회, 분당 만나교회 등을 순회하며 어떤 것도 불평할 이유가 없다는 감동의 메시지를 전했다. 그는 "저를 보고 단 한 사람이라도 삶에 용기를 얻는다면 그것으로 만족합니다"라고 고백했다.

닉과 하 목사의 만남을 통해 육체적 고난을 극복한 방법과 교회와 성도는 어떤 자세로 어려움에 대처해야 하는지 등에 대해 들어 보았다. 두 사람은 "우리 모두가 하나님의 기적입니다. 뭐가 부족하다고 하나님께 항변할 수 있을까요"라고 말했다.

함태경 • 두 분 모두 육체적 핸디캡을 갖고 있는데요. 자신의 육체적 고난을 어떻게 받아들이시나요.

하용조 • 처음엔 하나님이 내 병쯤은 쉽게 고쳐 주실 것이라고 생각했어요. 그런데 오랜 세월 아프면서 하나님의 섭리, 비밀, 삶의 의미와 목적을 분명히 깨달았습니다. 하나님은 어떤 상황에서도 우리와 더욱 친밀해지시기를 원하십니다. 그래서 핸디캡, 다시 말해 고난은 축복인 거죠. 고난은 저를 성숙하게 하는 영적 통찰력의 보고뿐 아니라 무엇과도 비교할 수 없는 보석과 같습니다. 저는 지금의 아픔을 엔조이(enjoy)하게 됐어요. 죽음에 대한 두려움이 전혀 없습니다.

닉 부이치치 • 육체적 장애는 정신적 장애와는 달라요. 세상 모든 사람들이 각각의 아픔과 상처, 외로움 등을 갖고 산다고 생각해요. 저는 육체적 장애가 있는 편이 깨어진 가정에서 살아가는 것보다 훨씬 낫다고 여깁니다. 암으로 투병하는 사람들이나 부모를 잃은 사람들의 아픔에 대해 저는 잘 몰라요. 하지만 한 가지 확실한 것은 예수님 안에 소망이 있다는 사실입니다. 하나님은 각 사람의 장애를 통해 우리에게 주어진 하루하루가 그분의 선물임을 알도록 하세요. 이것은 우리를 겸손하게 만들어요. 어떤 장애가 있어도 하나님은 우리의 모든 필요를 채워 주시는 분이세요.

함태경 • 각종 핸디캡을 갖고 살아가는 사람이나, 육체적으로 건강한 사람들에게 전하고 싶은 말씀이 있다면 무엇인가요?

하용조 • 하나님은 결코 실수하는 분이 아니세요. 죽음조차도 그분의 섭리이고 사랑입니다. 암, 불치병, 장애 등 고난이 클수록 축복도 큽니다. 닉 형제를 보세요. 다른 사람의 도움 없이 할 수 있는 일이 하나도 없어요. 그런데 하나님께서 그가 겪은 고통을 통해 그를 도울 수 있는 사람들, 다시 말해 공동체를 형성케 하셨어요. 고난이 깊을수록 하나님의 은혜가 깊어지고 오히려 희망은 커집니다. 건강한 것은 자신을 즐기기 위한 게 아니에요. 더 어려운 사람들을 도우라는 하나님의 사인(sign)입니다.

닉 부이치치 • 제 사견이지만 후천적 장애보다 선천적 장애가 더 나은 것 같아요. 만약 장애 없이 출생했다가 사고로 신체 일부를 잃게 된다면 더욱 힘들었을 거예요. 만약 지금 제 발이 없어진다면 훨씬 더 큰 비극을 느낄 거예요. 상실감을 알게 되었을 것이고, 많은 것들을 새로 배워야 하느라 힘들었을 거예요. 저는 팔다리 없이 태어나고 자랐기 때문에 새롭게 배울 것이 없었어요. 제가 장애를 가진 분들에게 하고 싶은 말은 그저 현재에 최선을 다하면 나머지는 하나님이 다 알아서 해 주실 것이라는 믿음을 가지라는 거예요. 부모님께서 어린 제게 늘 해 주신 말씀이기도 해요. 여러분이 가진 장애와 상관없이 여러분은 하나님을 전심으로 예배하고 사랑할 수 있는 '오늘'이라는 선물을 받았다는 것을 꼭 기억했으면 좋겠어요.

함태경 • 솔직히 건강한 게 더 좋잖아요. 마음의 평안을 누릴 수 있게 된 과정이 궁금합니다. 닉 부이치치 형제는 수영도 자유롭게 한다고 들었어요. 쉽지 않았을 것 같은데도 말이죠.

닉 부이치치 • 8살 때 처음으로 어머니에게 "죽고 싶어"라고 얘기했어요. 10살 때 욕조에서 자살을 시도하기도 했어요. 정말 하나님의 은혜로 지금 이 자리에 앉아 있게 됐죠. 그때 저는 삶에 소망이 없다고 느꼈을 뿐 아니라, 저를 향한 하나님의 계획을 발견할 수 없었어요. 그리고 부모님의 인생에 짐이 되고 싶지 않았어요. 많은 분들이 좋은 환경에서 자라났다면 훨씬 좋지 않았겠느냐고 묻곤 하죠. 저는 그때 이렇게 반문해요. "속사람이 상했는데, 겉이 멀쩡하면 정말 좋을까요?" 우리는 예수님만이 진정한 치료자 되시며 친구이시고 구원자라는 것을 믿어야 해요. 하나님은 우리를 위한 엄청난 계획을 갖고 계세요. 저는 하나님의 계획을 끝까지 좇아가려고 해요. 예수님께서 태어날 때부터 장님이었던 사람을 고치시면서 하나님의 뜻을 이루기 위함이라고 하셨던 말씀을 읽고 그 사실을 깨달았어요. 저는 삶의 어려움이 올 때마다 그 말씀을 떠올리곤 해요.

함태경 • 하 목사님은 투석하기 전과 뒤의 목회 방향이나 철학에 어떤 변화가 있으셨나요?

하용조 • 분명 변화가 있었어요. 과거엔 하나님의 은혜보다 내 열심, 내 비전, 내 아이디어가 앞섰어요. 투석을 시작하고는 삶과 죽음의 경계선이 사라졌어요. 그러면서 하나님의 은혜 목회를 하게 됐죠. 저를 한번 보세요. 지금은 마음대로 여행도 못하고, 장시간 비행기도 탈 수 없어요. 일본이 유일하게 제가 갈 수 있는 곳이에요. 하고 싶은 것도 제한된 환경 속에서 해야 하죠. 건강 유지조차 다른 사람의 도움을 받아야만 하잖아요. 그래서 이제는 남의 도움을 필요로 하는 목회를 하고 있어요. 우리는 서로 돕고 살 수밖에 없는 존재랍니다. 처음엔 투석이 너무 불편했어요. 하고 나면 집중력이 떨어지기도 했어요. 나만 자꾸 퇴보되는 것 같았어요. 그런데 지금은 투석이 곧 '안식'입니다. 하나님 품 안에서 쉬는 시간이죠.

함태경 • 사회 약자들에 대한 교회의 역할이 중요한데요. 어떻게 생각하세요?

하용조 • 그 점에 있어 저는 늘 부끄러워요. 솔직히 가난한 사람을 위해 살아 본 적이 없어요. 약자, 가난한 사람, 병자들의 공통점은 다른 사람의 도움이 필요하다는 것입니다. 이게 바로 교회의 역할이라 생각해요. 저를 비롯해 많은 목회자들이 성장과 부흥에 초점을 맞추었지 사람에 맞추지 못했어요. 교회 크기와 상관없이 교회는 사람을 치유하는 공동체가 되어야 해요.

사실 교회는 약자들을 위해 많은 일을 하고 있고, 해 왔어요. 하지만 국민들이 느끼는 체감은 너무 낮아요. 그것은 태도의 문제일 수 있어요. 우리가 많이 섬기고 있는데도 사람들이 알아주지 않는다는 일종의 거만한 태도로 인해 국민들을 감동시키지 못했다고 생각해요. 가톨릭이나 불교는 일사불란하죠. 반면 기독교는 개교회주의에 빠져 있어요. 우리는 돕고 있지만, 외부에서는 문제투성이로 볼 뿐이에요. 대형 교회일수록 더 그래요. 팀워크가 잘 이루어지지 않아요. 대형 교회 목회자들끼리는 친할지 몰라도 교회 간 팀워크는 찾아보기 어려워요. 마음이 가난해야 하는데 그렇지 않기 때문이에요. 우리는 모두 '세컨드 맨'이 되기 싫어하죠. 대장 시켜 주면 열심히 할 거예요. 이런 부분은 하루 속히 고쳐야 해요. 교회 규모와 사회에 미치는 영향력이 반드시 비례하지 않는다는 것을 목회자들부터 인정해야 해요.

함태경 • 요한복음 9장에서 예수님께서는 '맹인이 된 것이 하나님의 영광'을 드러내기 위함이라고 제자들의 질문에 대답하셨죠. 하나님의 영광을 위한 것이라면 이 맹인이 그동안 겪어야 했던 역경을 어떻게 받아들여야 할까요? 비기독인들은 너무 잔인한 것 아니냐고 반문하지 않을까요?

닉 부이치치 • 하하! 아직까지는 그걸 물어 온 비기독인을 만난 적이 없어요. 하지만 만약 그런 질문을 받는다면, 예수님께서 맹인을 고치며 하셨던 말씀을 저도 인용하고 싶어요. 제 장애가 누군가를 구원하는 데 쓰인다면 저는 몇 번이고 똑같은 삶을 기쁜 마음으로 살겠어요.

함태경 • 내적, 외적으로 지치거나 영적 침체가 있을 때 즐겨 부르는 찬양이 있다면 나눠 주세요.

하용조 • 〈내 영혼이 은총 입어〉를 좋아합니다. 1965년 가나안농군학교 44기로 입소했을 때 김용기 장로님이 불러 주신 곡이에요. 그때 얼마나 감동을 받았는지 제 애창곡이 됐습니다.

닉 부이치치 • 모든 찬양을 좋아해서 대답하기 어렵지만, 굳이 한 곡을 뽑으라면 〈예수 사랑하심을〉(Jesus Loves Me, This I Know)를 꼽고 싶네요.

함태경 • 닉 부이치치 형제는 여러 나라를 다녔을 텐데요, 특별히 기억나는 곳이 있나요?

닉 부이치치 • 한국이 29번째 방문하는 나라에요. 3월 첫째 주에는 일본을 사흘 일정으로 방문할 예정이에요. 세계 곳곳을 다니면서 잊지 못할 기억이 많아요. 음, 인도 뭄바이에서의 일이 떠오르는군요. 매춘 여성들에게 간증을 했어요. 집회가 끝난 뒤 한 여성이 찾아왔어요. 그녀는 "닉, 난 10살 때 납치당해서 성매매를 강요받았어요. 빚을 다 갚기까지 3년이 걸렸지요. 지금은 12살 아이를 키우고 있어요. 성매매 외에는 아이를 기를 수 있는 방법이 없어서 이 길을 떠나지 못했어요. 이번 주에 난 에이즈(HIV) 감염 사실과 성매매 벌금이 부과되었다는 것을 알게 되었어요. 내 상황은 암담하지만, 그래도 하나님을 붙잡을 수 있다는 사실을 알게 된 것만으로도 충분해요"라고 말했어요. 하나님은 최악의 순간에 있는 그녀에게도 희망이 되셨어요.

함태경 • 일전에 만난 일본 목회자들이 육체적 어려움 속에서도 설교하시는 하 목사님에 대해 놀라워하던데요. 설교하실 땐 어떤 마음이세요?

하용조 • 설교한다는 게 저에겐 또 다른 감동입니다. 잘하고 못하는 문제가 아니에요. 시간, 건강, 여건이 허락하는 한 설교하다가 죽겠다는 생각이 골수에 사무쳐요. 더 감사한 것은 저 같은 사람의 설교를 듣고 회심하고 용기를 얻고 변화되는 성도들이 있다는 거죠. 다 하나님의 은혜입니다.

함태경 • 닉 부이치치 형제님, 한국의 청소년들을 향한 도전의 메시지가 있다면 말해 주세요.

닉 부이치치 • 하나님은 끝까지 여러분을 포기하지 않으세요. 그러니 어떤 상황에서도 하나님을 잊지 마세요. 내 힘으로 하려고 하면 힘들지만 하나님 안에서는 모든 것이 가능해요. 청소년 여러분, 절대 잊지 마세요.

함태경 • 두 분의 앞으로의 계획이 궁금합니다.

하용조 • 올 초 교회에서 50일간 특별 새벽 부흥집회를 했어요. 많은 성도들이 기쁨으로 동참하셨어요. 올해 교회 표어가 말씀과 성령인데요. 여기엔 기도도 물론 포함되죠. 이제는 여기에다 성경통독을 덧붙이고 싶어요. 따라서 앞으로 50일간 성경통독 저녁집회를 하면 어떨까 해요. 닉 부이치치 형제를 올해 말 또는 내년에 다시 초청할 계획이에요. 닉 부이치치 형제가 온갖 유혹 속에 살아가는 이 땅의 청소년들에게 도전의 메시지를 전할 수 있도록 더 많은 장을 마련하고 싶어요.

닉 부이치치 • 오는 10월 미국에서 저의 첫 책이 나올 예정이에요. 내년엔 한국어 번역본도 나오기를 기대해요. 저는 모든 계획을 하나님께 맡겨요. 다만 바라기는 방송이나 인터넷 등 다양한 미디어를 활용하면 좋겠어요. 여행은 조금 덜 하면서도 더 많은 사람들에게 용기와 도전, 위로를 줄 수 있길 기대해 봐요.

함태경 • 마지막으로 서로를 격려하는 덕담 한마디 부탁드려요.

하용조 • 닉, 당신 존재 자체가 희망입니다. 지금의 자세를 계속 유지하길 바랍니다. 아울러 당신의 사역 파트너가 되고 싶어요.

닉 부이치치 • 한국을 방문하도록 초청해 주신 하 목사님께 감사드려요. 하나님은 신실하시고, 하나님은 선하세요. 정말 고맙습니다.

처음엔 하나님이 내 병쯤은 쉽게 고쳐 주실 것이라고 생각했어요.
그런데 오랜 세월 아프면서 하나님의 섭리,
비밀, 삶의 의미와 목적을 분명히 깨달았습니다.
하나님은 어떤 상황에서도 우리와 더욱 친밀해지시기를 원하십니다.
그래서 핸디캡, 다시 말해 고난은 축복인 거죠.

고난이 심할수록
성령님의 은혜는 더욱 강합니다

2006년 〈목회와 신학〉 10월호 조용기 목사와 특별 대담

여의도순복음교회를 담임하는 조용기 목사와 온누리교회를 담임하는 하용조 목사는 이번 대담을 통해 고통과 고난의 시대를 믿음으로 극복할 것과 한국 교회가 사회적 봉사와 책임을 다해야 할 것을 함께 나눴다.

조용기 • 하 목사님은 많은 수술을 통해 고생이 많으셨습니다. 지난주에 워치만 니 설교를 하면서 하 목사님을 생각하게 되었습니다. 그분이 폐병에 걸려 협심증으로 고생하지 않았습니까? 그런데 워치만 니가 그 폐병을 고쳐 달라고 아무리 기도해도 하나님께서 고쳐 주시지 않고 은혜만 주시더라고 하더군요. (웃음) 하 목사님은 몸이 그렇게나 아프면서도 큰 꿈을 갖고 교회를 성장시키셨어요. 이것은 전적으로 하나님의 기적입니다.

하용조 • 조 목사님께서 기억하실지 모르겠지만, 김영삼 전 대통령 시절 조찬기도회 때 저와 함께 참석하신 적이 있습니다. 목사님께서 처음으로 해 주신 말씀이 "성령의 기름 부으심이 있기를 바랍니다"라는 것이었어요. 그때 저는 성령의 기름 부으심에 대해 집중적으로 생각하게 되었어요. 저는 장로교 안에서 성령 운동을 하고 있지 않습니까? 결국 장로교의 은혜 사역과 성령 사역이 맞부딪혀야 하나님의 능력과 기적이 나타난다는 사실을 깨닫게 되었지요.

조용기 • 몸이 아프면 죽기 아니면 살기로 예수 그리스도의 대속의 은총에 매달리게 됩니다. 제가 오중복음과 삼중복음을 강조한다고 하니까 무슨 신학적 연구를 해서 강조하는 줄로 아는데, 모두 제가 살기 위해 붙잡은 것들입니다. 예수 그리스도를 붙잡아야 살 수 있고, 자꾸 붙잡다 보니 알게 된 것이지요. 저는 성령님의 도움 없이는 강단에서 30분도 서 있지 못합니다. 그래서 성령님을 인정하고 환영하며 의지하고 붙잡는 겁니다. "성령님, 저의 영과 마음과 몸의 힘이 되어 주옵소서."

그런데 릭 워렌 목사님이 저에게 그런 고백을 하더라고요. 릭 워렌 목사님도 어릴 때부터 질병을 갖고 있었습니다. 우리말로 하면 간질인데, 그 병 때문에 안수를 받고 기도하고 나서 설교하러 강단에 올라간답니다. 이번 집회에서도 그렇게 했어요. 쓰러지게 않게 해 달라고 간구하시더군요. 그래서 설교할 때마다 혹시 모르는 일을 위해 대타 목사님을 두 명씩 꼭 데리고 다니세요. 자신이 쓰러진다면 대타 목사님이 곧 설교하도록 한다는 겁니다. 새들백교회에서 예배드릴 때도 마찬가지라고 하더군요.

하용조 • 릭 워렌 목사님의 부인도 암에 걸렸다가 살아났다고 들었습니다.

조용기 • 그런 여러 가지 시련들을 극복함으로써 하나님의 은혜를 강하게 체험하게 됩니다. 고난은 결국 하나님의 은혜를 발견하게 만듭니다.

하용조 • 그런 것은 신학적 지식과 상관이 없는 것 같습니다.

저는 믿음이란 항상 낭떠러지에 서 있는 것이라고 생각해요. 큰 길을 걷는 게 아니라 낭떠러지에 떨어지는 심정으로 가는 것이 믿음입니다.

조용기 • 고난이 심하면 거기서 생존케 하는 성령님의 역사도 더욱 강합니다. 이것은 신학적으로 얻을 수 있는 게 아니에요. 그렇다고 자신의 수양과 도덕으로 얻어지는 것도 아닙니다. 하나님께서 억지로 만들어 주시는 것입니다.
사도 바울이 "내가 약할 때 강하다"라고 했는데, 하 목사님의 고통은 하나님께서 말씀과 성령으로 충만하게 하시려고 준비한 강제 십자가와 같습니다.

하용조 • 교회가 한국 사회에 빛과 소금의 역할을 해야 할 때가 된 것 같아요.

조용기 • 국민들이 어려울 때, 좀 더 적극적으로 나서서 사회봉사 활동을 함으로써 교회 문화를 통해 복음을 증거할 때가 왔어요. 전도와 강연도 하겠지만 더 깊이 구제, 문화, 봉사 활동 등을 통해 증거해야 합니다.

하용조 • 그래서 이번에 빌 하이벨스 목사님과 짐 심발라 목사님이 조화를 이루는 것 같습니다. 한국의 청소년들에게 문화 전도가 많이 필요합니다. 또한 한국 기성 교회들은 특별히 사회에 대한 이슈와 교육, 통일, 이데올로기 등 많은 문제들에 대해 세상을 향해 해답도 주고 안내판도 되어 주며 방향이 되는 일을 해야 합니다.

조용기 • 빌 하이벨스 목사님은 어떻게 초청하게 되었나요?

하용조 • 3년 전에 약속했습니다. 그분과 7년 정도 친구처럼 지내고 있습니다. 빌은 저보다 다섯 살 아래입니다. 또, 뉴욕 브루클린 지역에서 흑인 목회를 하는 짐 심발라 목사님은 1만 성도를 목회하더군요. 저는 그 목사님을 보고 많이 놀랐습니다. 찬양도 온누리교회보다 더 잘 하고 예배를 2시간 정도 진행하는데, 저는 그런 예배를 처음 봤습니다. 은사도 너무 강하게 나타납니다. 그런데 더 놀라운 것은 빌 하이벨스 목사님은 전도 중심 사역을 하는데 짐 심발라 목사님은 마약 중독자, 홈리스, 매춘부, 알코올 중독자, 흑인들을 모두 품는 목회를 하고 있다는 겁니다. 그런 두 사람이 함께 한국에 오게 되었습니다. 각기 다른 두 모델을 한국 교회에 소개하면 많은 분들에게 희망과 용기를 줄 수 있지 않을까 생각합니다.

조용기 • 건강을 유지하도록 주님께 더 의지하세요. 의사의 도움을 받는 것도, 하나님께서 도와주셔야 가능한 일입니다. 저는 옛날에 갈등이 굉장히 많았습니다. 병원이나 의사의 도움을 받지 않고 살아나야 한다고 말입니다. 무조건 기도를 많이 하다가 나중에는 그 갈등이 무너졌어요. 하나님께서 의사도 세우시고, 약도 만드셨다는 사실을 깨닫게 된 거죠. 그래서 저는 의사도 의지하고 약도 의지하며, 비타민도 많이 먹습니다. 아내가 저에게 약을 한 주먹씩 먹는다고 웃지만 말입니다.

하용조 • 조 목사님도 그런 말씀을 많이 들었을 것 같아요. "다른 사람들은 고치면서 당신은 왜 아프냐"라는 말이요.

조용기 • 지금은 그렇게 하지 않지만, 옛날에 많은 병자들을 위해 기도하고 나서 "하나님, 저도요"라고 기도했습니다. (웃음) 병든 사람들이 너무 고통스러워하니까 불쌍해서 기도를 했습니다. 제게 은사가 있어서 한 것도 아닙니다. 세계 곳곳을 다니며 병자들을 위해 기도하는 것은, 저 역시 고통스러운 육체적 가시를 갖고 있기 때문에 고통당하는 사람들을 도우려고 한 것뿐입니다. 제가 이렇게 함으로써 하나님께서 저를 불쌍히 여기시고 도와주실 것을 기대하면서 48년을 살아왔습니다.

젊은 시절에 군산에서 집회를 인도한 적이 있었습니다. 너무 힘들어 자리에서 도저히 일어날 수가 없었습니다. 그때 주님을 의지하고 죽을 힘을 다해 일어났습니다. 큰 소리를 못 내니까 마이크에 대고 조용히 말했습니다. 너무나 우스운 것은 "조 목사가 기도를 많이 해서 신령해지는 바람에 말도 아주 조용하게 한다"라고 해석하더군요.

성령님의 은혜로 설교를 마칠 수 있었고 기도를 했습니다. 그날 많은 병자들이 나았어요. 강단에서 내려오는데, 치질로 몹시 고생하던 사람이 저를 붙잡고 기도해 달라고 했어요. 그때 저는 기도할 힘도 없었어요. 몸이 좋지 않아서 기도를 못한다고 하니까, 그 사람이 고함을 치는 겁니다. "남을 위해 기도하면서 지가 아픈 놈이 어디 있어!", "주의 종이라고 하면서 지가 아픈 놈이 어디 있어!" 문득 그때가 기억납니다.

4년 전(2002년) 아프리카에서 집회할 때였습니다. 사람들이 스타디움을 가득 메우고 대통령, 각료들이 도착했는데 도저히 일어날 수가 없는 거예요. "주님, 일어나 강단으로 갈 수 없는데, 누구에게 말할 수도 없고 어느 누가 부축해 줘야 나갈 수 있겠습니다. 주님, 이번만 설교하고 죽어도 좋으니까 창피를 안 당하게 일으켜 주십시오."

그러고 나서 겨우 일어나 걸어 나갔는데, 설교를 시작하니까 성령님이 힘을 주셨어요. 설교 도중 쓰러질 것 같은 생각이 자꾸 들면서도 설교를 무사히 마칠 수 있었죠. 그리고 병자들을 위해 기도했는데, 또 많은 사람들이 나았어요. 그래서 속으로 하나님께 기도했어요. "하나님, 저도요. 저 많은 사람들이 기도로 낫는데, 왜 저는 안 낫습니까?"

하용조 • 처음에 암을 발견하고 수술을 받으려 할 때, 서울에서 수술 받으면 소문이 나겠더라고요. 제가 죽는 것은 두렵지 않은데, 우리 교인들이 실망할 것 같아서 그게 두려웠어요.

조용기 • 저는 주일마다 번지 점프를 한다고 생각합니다. 제가 말씀에 묶여 있다고 생각하고 번지 점프를 하는 겁니다. 하나님께서 줄을 잡아 주시지 않는다면 저는 그냥 떨어지고 마는 겁니다. 제가 살려고 하다 보니까 다른 사람들을 살리게 되었습니다. 제가 살기 위해 말씀을 찾고 말씀을 증거하다 보니까 저와 같은 처지에 있는 사람들이 은혜를 받고 교회로 모였습니다. 제가 신령하기 때문이 아닙니다. 어떤 분들은 40일

금식기도를 하는데, 저는 금식기도도 못합니다. 체질이 약해서 사흘만 금식하면 졸도해요. 그러니까 최자실 목사님이 살아 있을 때에는 항상 저를 위해 대신 금식기도를 해 주셨어요. 그러니 제가 남들보다 기도를 많이 한 것도 아닙니다. 저는 이제 교회에서 은퇴하지만, 사역에선 은퇴를 못하고 있지 않습니까? 사역은 평생 소명입니다. 은퇴하는 것은 제가 있는 조직체에 한합니다.

하용조 • 이제 조 목사님께서 정말로 저희에게 좋은 길을 보여 주실 때가 되었다고 생각합니다. 감사합니다.

저는 믿음이란 항상 낭떠러지에 서 있는 것이라고 생각해요.
큰 길을 걷는 게 아니라
낭떠러지에 떨어지는 심정으로 가는 것이 믿음입니다.

고난의 파도를 타면
인생은 스포츠가 됩니다

2007년 10월 연합뉴스 이경욱 편집위원 인터뷰

서울 서빙고동 온누리교회는 지난 7월 일본 도쿄에서 2만여 명이 참여하는 대규모 선교집회 '러브소나타' 행사를 열었다. 당시 교회 안팎에서는 몇 만 명이 참여하는 초대형 집회라면 보통 1-2년은 준비해야 하는데 너무 서두르는 것 같다며 행사를 연기하자는 여론이 상당했다고 한다.

그때 온누리교회 하용조 목사는 "제게 시간이 별로 없다"라고 말했다. 모든 교인들이 그의 말 한마디에 고개를 끄덕이고 행사 준비에 전념했다. 그 결과 러브소나타는 성공적으로 개최됐으며 일본에 큰 반향을 일으켰다. 하 목사가 "시간이 별로 없다"라는 말을 한 것은 간암 수술을 다섯 차례나 받고 지금도 매주 세 차례 몇 시간씩 신장 투석을 하는 등 그가 '걸어 다니는 종합 병원'이기 때문이다. 만일 건강한 사람이 그랬다면 그 누구도 곧이곧대로 받아들이지 않을 뿐더러 설득력이 떨어져도 한참 떨어졌을 것이다. 그는 보통 사람이라면 견디기 힘든 중병에 시달리고 있다. 하지만 병에 굴하지 않고 "설교를 해야만 내가 산다"라며 목회에 온 힘을 쏟고 있다. 지독한 병에 시달리면서도 수만 명이 모이는 초대형 교회를 이끌어가는 그가 최근 《사도행전적 교회를 꿈꾼다》라는 제목의 책을 냈다. 수십 권의 단행본을 발간했지만 이 책만큼 그의 목회 철학과 목사로서의 삶을 총 정리한 책은 드물다. 하 목사를 만나 이야기를 나눴다.

이경욱 • 《사도행전적 교회를 꿈꾼다》를 소개해 주세요.

하용조 • 예수님의 삶을 모델로 삼는 교회가 진짜입니다. 그게 바로 사도행전에 나타난 교회의 모습이지요. 그 교회들은 실수투성이에 수많은 문제가 있었습니다. 하나님 나라와 지상의 나라라는 두 세계가 부딪혔기 때문입니다. 결국 하나님이 모델을 주셨는데 그게 바로 사도행전적 교회입니다. 이 책은 사도행전적 교회의 특징과 제 목회 철학, 온누리교회 성장

사 등을 담고 있습니다.

이경욱 • 온누리교회가 교계에 미치는 영향이 결코 작지 않습니다. 초대형 교회로 성장한 힘은 무엇입니까?

하용조 • 교회를 처음 개척할 때 이렇게 커질 줄 몰랐어요. 예수님이 원하시는 교회를 만들어 가자는 게 목회의 초점이었어요. 거기에는 세 가지 중심이 있습니다. 말씀 중심이어야 한다, 성령 중심이어야 한다, 교회는 목사 중심이 아니라 평신도 중심이어야 한다입니다. 이를 지키며 교회의 주인공을 바꾸어 놓으니 평신도들이 자기 능력을 표현할 수 있었습니다. 나를 포기하니 평신도들을 중심으로 교회가 성장했습니다.

이경욱 • 온누리교회는 'Acts29'를 표방하고 있습니다. 이것의 의미를 설명해 주세요.

하용조 • 사도행전적 교회는 28장으로 끝이 났습니다. 하지만 부호로 따지면 점(.)이 아닌 콤마(,)입니다. 사도행전은 성령의 역사이기 때문에 주님이 오실 때까지 계속됩니다. 지금도 이어지고 있습니다. 예수님께서 말씀하시는 교회론과 사도행전이 말하는 목회 철학을 함께 가지고 가는 것이 사도행전 29장입니다. 국내외에서 많은 분들이 이 용어를 썼지만 우리는 그것을 세계화하는 데 사용하고 있습니다. 교인들의 인지도는 100퍼센트입니다. '2천 명의 선교사와 1만 명의 평신도 사역자를 내보내자'라는 비전의 좀 더 세련된 성경적 언어가 바로 Acts29입니다.

이경욱 • 온누리교회는 일정 기간 이상 다닌 교인들에게 "나가라"고 한다는데요. 붙잡으려고 애쓰는 다른 교회와 달리 이렇게 하는 이유가 무엇인가요.

하용조 • 우리는 대형 교회, 왕국을 만들려고 하지 않습니다. 우리는 지나가는 바람과 같습니다. 7년 정도 정상적으로 훈련받으면 선교사가 된다고 생각합니다. 지방이든, 해외든 필요로 하는 곳으로 가라고 합니다. 그래서 7년 이상 된 교인들은 저를 피해 지하실에서 예배를 드리기도 한다더군요. 교인들에게 교회에 있을 때에는 배우고 가르치고 놀지 말라고 주문합니다. 중간에 있지 말라고 당부합니다. 적극적인 삶을 살라고 권면합니다.

이경욱 • 교인수가 수만 명에 이릅니다. 지금 교회 시설로는 그 많은 교인들을 수용하기에 비좁을 것만 같은데요. 어떻게 생각하시나요?

하용조 • 주일날 예배에 참석하는 분들이 대략 5만 명이에요. 물론 공간은 제한돼 있습니다. 그래서 우리는 '멀티 사이트 처치'(Multi-site Church)를 지향하고 있어요. 지하실, 양재동에서는 물론이고 극장과 나이트클럽, 커피숍, 햄버거 가게에서도 예배를 드립니다. 건물을 문어발식으로 확장하기보다는 예배를 드릴 수 있는 장소를 늘려가려는 취지입니다.

이경욱 • 최근 1천 번째 선교사를 해외에 보냈습니다. 단일 교회로서는 불가능한 일이 아닌가 싶을 정도인데요.

하용조 • 우리 교회는 규모에 비해 과분하게 선교합니다. 제 개인적으로 제일 부러운 사람이 선교사에요. 건강 때문에 선교사로서의 삶을 살지는 못하는 대신 선교사를 많이 보내고 있습니다. 120년 전 이 땅에 온 선교사의 순교와 헌신으로 한국이 개화됐어요. 첫 월급을 받지 않고 선교사 파송 비용으로 사용했습니다. 온누리교회의 특징이 '선교'입니다. 교회 예산의 대부분은 선교사를 지원하는 데 사용합니다. 선교가 사명이라 생각하기 때문입니다.

이경욱 • 아프가니스탄 사태로 한국 교계가 큰 홍역을 치렀습니다. 어떻게 평가하시나요?

하용조 • 아프간 전쟁 직후 10일간 그곳을 방문한 적이 있습니다. 지금은 오히려 많이 좋아진 겁니다. 아프간에 간 것이 잘못은 아닙니다. 그곳에 가지 말라고 한 정부 입장은 이해하나 선교사는 가지 말라고 해서 안 갈 수 없습니다. 달나라까지도 가야만 합니다. 다만 위험 지역이니까 지혜로워야 했습니다. 크리스천은 분쟁 지역에 찾아가 평화의 사도가 되어야 합니다. 가난한 나라는 의료, 학교, 복지 등 도움이 필요합니다. 누가 그 일을 하겠습니까. 비판하는 사람들에게 질문하고자 합니다. 가난한 사람들, 북한 사람들을 위해 행동해 본 적이 있으십니까? 아프간에 간 것은 사랑을 베풀고 예수님 마음을 전해 주려던 것입니다.

이경욱 • 국민 소득이 2만 달러를 넘어서게 되면 종교에 의지하려는 심리가 많이 약화된다고 합니다.

하용조 • 맞는 말입니다. 하지만 신앙을 떠나면 어디로 가야 합니까. 미신이나 뉴에이지에 빠져 이단으로 가게 됩니다. 종교를 떠나 쾌락주의에 물들어 버립니다. 그 결말이 자살이 되기도 합니다. 한국 교회는 지난 100년 동안 성장을 극대화했습니다. 우리에게는 지금 종교 다원주의가 왔다고 봅니다. 하나님께서는 절대라는 것을 싫어하십니다. 그럴수록 사람들의 마음은 공허해질 뿐입니다. 모든 권위를 무시하게 됩니다. 자신이 권위 자체라고 하지만 그럴 수는 없습니다.

이경욱 • 러브소타나 집회 동영상을 보았습니다. 의미와 성과를 설명해 주세요.

하용조 • 한국 교회는 성장을 이루었습니다. 이제는 성장보다는 성숙이 필요한 때입니다. 동시에 종교적으로 여전히 미숙한 일본으로 가야 할 때라 생각합니다. 그래서 일본 문화 전도에 대해 고민했습니다. 가까운 나라 일본은 '선교사의 무덤'이라고 불립니다. 수백만 명의 신을 갖고 있는 일본에 가서 새로운 방법으로 전도를 해야겠다는 마음을 주셨습니다. 그래서 한류를 바탕으로 문화 전도에 나서기로 작정했습니다. 러브소나타는 '하나님의 일본 사랑 이야기'입니다. 연예인들도 많이 가고 예술인, 이어령 선생님도 함께했습니다. 러브소나타는 멈추지 않고 계속될 것입니다.

이경욱 • 언젠가 "오늘 아침 투석을 하고 왔다"라는 얘기를 들었습니다. 병에 지쳐 누워 쉬어야 할 것 같습니다.

하용조 • 많이 아픕니다. 대학생 때 휴학해야 할 정도로 폐병이 심각했습니다. 독한 약을 하도 먹다 보니 간이 나빠지고 당뇨가 생겼습니다. 간경화로 고생하던 중 간암이 발병했습니다. 교인들이 알면 실망할까 봐 몰래 미국에 가서 간암 수술을 했어요. 간암 수술만 총 다섯 번을 했습니다. 지금은 암세포가 없어졌다고 해요. 그런데 사구체가 망가져 평생 투석을 해야 합니다.
제 몸의 병을 생각하면 쥐구멍이라도 들어가고 싶은 심정입니다. 하지만 하나님을 생각하면 병은 내 발끝에 있습니다. 제일 좋을 때가 설교할 때입니다. 아무리 아파도 설교하러 갑니다. 내가 살기 위해 예수님 얘기를 합니다. 마음에 불이 일어납니다. 30년 동안 병과 싸웠고, 정복했지만 이길 수 있는 비결은 사역이고 선교일 뿐입니다.

이경욱 • 사람들에게 꼭 전해 주고 싶은 말이 있다면 무엇인가요?

하용조 • 여러분, 신앙을 가지세요. 신앙을 포기하면 우상을 섬기게 됩니다. 돈, 권력, 쾌락을 의지하게 됩니다. 믿음이 없으면 살 수가 없습니다. 믿음을 가지려면 진짜 하나님을 믿어야 합니다. 우상적, 미신적 신앙을 버리고 인격적인 신앙을 가져야 합니다. 그리고 고난을 이용하기를 권면합니다. 고난은 당신을 죽이지 않습니다. 우리에게는 고난을 이길 만한 비전과 용기가 없을 뿐입니다.

고난은 파도와 같습니다. 파도는 멈추지 않고 계속해서 칩니다. 당신의 인생에 고난이 올 때 휩쓸리지 말고 이겨내십시오. 파도는 타면 스포츠가 됩니다. 마지막으로 비전을 갖기를 권면합니다. 인간의 생각은 고상하지 않습니다. 더럽고 추할 뿐입니다. 인간은 욕망덩어리입니다. 거룩한 목표를 가져야 합니다. 꿈과 이상을 갖고 살아야 합니다.

고난을 이용하기를 권면합니다.
고난은 당신을 죽이지 않습니다.
우리에게는 고난을 이길 만한 비전과 용기가 없을 뿐입니다.

하나님만이 정답입니다

2009년 1월 온누리신문 장선철 편집국장과 인터뷰

장선철 • 지난달 장로 장립식 때 하 목사님께서는 "하나님께서 계속 낮추신다", "부부가 하나님 앞에 벌거벗은 모습으로 서 있다"라고 말씀하셔서 성도들에게 감동을 주었습니다. 무슨 의미였는지요?

하용조 • 건강이 좋아질 듯 나빠지고, 좋아질 듯 나빠지고를 반복하고 있네요. 아파서 잠을 못 잘 때는 새벽 2-3시에 일어나 아내와 함께 막 울며 기도해요. "하나님께서 살려 주시지 않으면 우리가 어디를 갑니까?"라고 부르짖습니다. 그리고 모든 것을 내려놓고 '우리가 할 수 있는 것이 아무 것도 없음'

을 고백합니다. 〈나는 갈 길 모르니 주여 인도하소서〉라는 찬송가를 부릅니다.

"하나님, 약도 아니고 의사도 아닙니다. 하나님만이 정답이십니다. 그런데 왜 이렇게 오랫동안 시간을 끄십니까?"라며 기도를 하면 결국 나를 더 낮추길 원하시는 하나님의 마음을 깨닫게 됩니다. 사도 바울도 그랬던 것 같아요.

하나님께서 어디까지 낮추실까요. 아마 내 자존심을 다 버릴 때까지일 거예요. 목회도 일종의 오만일 수 있다는 생각이 들었습니다. 왜냐하면 영향력과 지배력을 가질 수 있기 때문이죠. 이런 깨달음을 통해 낮아지다 보면 하나님께서는 또 회복시켜 주십니다. 놀라운 경험이요, 축복입니다.

장선철 • 지난해도 하나님께서는 온누리교회에 풍성한 은혜를 베풀어 주셨습니다. 지난해를 돌아봐 주십시오.

하용조 • 무엇보다 하나님께서는 러브소나타를 축복해 주셨습니다. 러브소나타로 인해 교회가 내부적으로 더욱 단합하게 되었고 교회가 받은 축복을 외부에 나눌 수 있었습니다. 특별히 작년 한 해는 우리 교회 목회자들의 팀워크 시스템이 완성되었고, 교인들이 더 적극적으로 교회 사역에 참여하는 분위기가 조성되었습니다. 모든 것이 하나님의 전적인 은혜입니다.

장선철 • 러브소나타가 작년 가장 큰 성과라고 하셨는데, 올해는 어떻게 진행됩니까?

하용조 • 더욱 업그레이드 될 예정입니다. 이제는 일본이 스스로 주최하고 우리가 돕는 형태의 러브소나타가 진행될 것입니다. 일본 프로테스탄트 선교 150주년을 맞았기에 일본이 많은 행사를 주도하려 합니다. 하지만 아직은 일본 혼자 감당하기에 벅찬 부분이 많이 있기 때문에 우리가 적극적으로 도우려 합니다.

공식적으로 나고야와 고베, 이렇게 두 번이지만 이 외에도 일본인들이 주도하는 히로시마, 나가사키, 일본 선교 150주년 기념 요코하마 집회, 10월 성령파 집회 등을 계획하고 있어 횟수로 보면 작년과 비슷합니다. 특히 요코하마 집회 때는 약 5,000명이 모이게 됩니다. 국내에서도 부흥을 원하는 교회가 있으면 러브소나타로 협력할 것입니다.

장선철 • '화해와 일치'라는 표어를 사용합니다. 어려운 이

시기를 헤쳐 나갈 해답이 이 표어에 담겨 있다고 생각합니다. 목사님의 의견이 듣고 싶습니다.

하용조 • '화해와 일치'는 그동안 우리 사회를 힘들게 했던 분열과 갈등, 원망 등을 청산하고 새로운 미래를 열어 가라는 의미로 하나님께서 주셨습니다. 원래 화해는 하나님과 인간 사이에만 적용되는 말입니다. 하나님께서는 중보자인 예수님을 주셔서 우리가 세상을 화해시키는 화해자로 서도록 사명을 주셨습니다. 예수님께서 우리의 화해자가 되신 것처럼 크리스천 역시 세상의 화해자가 되어야 합니다. 그 일을 위해서는 세 가지 태도가 필요합니다. 바로 겸손과 온유와 오래 참음입니다. 화해가 온전히 이뤄질 때 우리 가운데 일치의 축복이 일어날 것입니다.

하나님과 화해하고, 세상을 화해시키고, 가정과 직장에서 화해와 일치가 일어나기를 바랍니다. 동경 사이타마 러브소나타에서 설교를 통해 한국인의 피해자라는 오만에 대해 용서를 구했을 때 일본 사람들이 눈물을 흘리고 마음을 열기 시작했습니다. 이처럼 화해는 엄청난 일치의 능력이 있습니다. 그리고 화해는 작은 것 같지만 시간이 지나면 큰 영향력을 미칩니다.

장선철 • 하나님께서 기뻐하시는 목회의 중점 방향은 무엇입니까?

하용조 • 팀워크를 이루는 것입니다. 현재 이루어지고 있는 목회와 사역에 더 충실하길 하는 바람입니다. 내실을 단단히 하기 위해서 화해와 일치가 역시나 필요합니다. 우리 교회가 살아 있는 교회, 화해와 일치가 이루어지는 교회, 하나님께서 기뻐하시는 교회가 되었으면 좋겠습니다.

장선철 • 국내 9개, 해외 25개 비전교회가 '온누리 지체'로서 Acts29 비전을 좇아가고 있습니다. 특별히 캠퍼스와 비전교회 성도들에게 권면의 말씀 부탁드립니다.

하용조 • 사랑하는 비전교회와 캠퍼스 성도님들, 우리는 하나님이 주신 온누리 비전, Acts29 비전을 이루어 나가는 한 지체입니다. 캠퍼스와 비전교회 성도님들이 멀리 떨어져 있다는 지리적 거리감 때문에 소외감을 느끼지 않기를 바랍니다. 그리고 서울에서 리더십을 많이 파송하고 지원할 것입니다.

장선철 • 어려운 시기입니다. 성도들이 이 난세를 지혜롭게 극복하도록 당부의 말씀을 해 주십시오.

하용조 • 이렇게 어려울 때는 무조건 하나님을 신뢰해야 합니다. 그러면 자신도 모르게 그 어려움에서 빠져나오게 됩니다. 인간적인 잔꾀를 부리면 그 꾀에 스스로 넘어가게 됩니다. 저는 우리 성도들이 어려울수록 더 큰 믿음을 가져야 한다고 생각합니다. 하나님께 집중해 보세요. 어려울수록 하나님께 더 가까이 나아가는 축복을 누릴 수 있습니다. 사랑하고 축복합니다.

고통은 위장된 축복입니다

2011년 2월 CGNTV 〈강석우 김자옥의 하늘빛 향기〉 인터뷰

김자옥 • 저는 젊은 시절의 목사님을 뵈었어요. 멋진 장발의 목사님! 예전 모습을 회상하시면 어떠신가요?

하용조 • 그때는 머리 스타일이 그랬어요. 연대 의대 김명선 박사가 내 멘토예요. 그분이 연예인교회로 와서는 예배 끝나고 앉아서 말씀을 하셨어요. "머리 깎어! 목사는 장발이면 안 돼!" 그 시대에는 연예인뿐 아니라 모두가 장발이었습니다. 그 당시에는 건강했기에 마치 축구선수 같았죠.

김자옥 • 목사님의 어린 시절은 어떠셨는지요.

하용조 • 평양 진남포 강서 출생이에요. 1·4후퇴 때 아버지 손잡고 내려왔어요. 우리 집에서는 온통 이북말을 사용해요. 인천을 거쳐서 피난 간 곳이 전라도 목포이고, 고등학교 때부터 서울에 와서 살았습니다. 어머니는 지방에서 물물교환을 했고, 나도 형님도 마찬가지였어요. 그 와중에 어머니, 아버지가 꼭 붙잡은 것이 예수였습니다. 나는 구역예배 가면 맛있는 것을 주니까 교회 갔어요.

김자옥 • 그럼 언제부터 목회자가 될 계획을 가지셨나요?

하용조 • 단 한 번도 예수를 안 믿은 적이 없었죠. 그래서 정말 예수 문화 속에 살았습니다. 그러나 진심으로 예수를 만났다고 하기는 어려웠어요. 그러던 중 제가 원하는 대학을 가지 못해 재수하던 1년이 예수를 만나게 된 때였어요. 그때 예수 만났어요. 교회는 어머니 모태에서부터 다녔지만, 내가 만난 예수는 재수 시절부터였습니다.

강석우 • 처음 예수님을 만났던 때에 대해 이야기해 주세요.

하용조 • 나는 열등감이 참 많았습니다. 청소년 사춘기 시절이었어요. 제일 큰 숙제는 하나님이 정말 계시는가 하는 부분이었어요. 정말 십자가에서 나를 위해 돌아가셨다고 하는데 사실인가 고민했습니다. 그 고독과 외로움과 갈등이 점점 나를 하나님께로 이끌어 갔습니다.

홍정길 목사님이 나보다 1년 먼저 예수님을 만났어요. "용조야, 나하고 꼭 갈 데가 있다"라고 했습니다. 나를 끌고 CCC 입석 수양관에 갔어요. 4일 동안의 집회를 참석했는데 3일까지 아무 변화가 없어 속이 상했어요. 변화가 없어서 도대체 '나는 뭔가'라는 생각을 했지요. 그런데 4일째에 예수님을 만났습니다. 도저히 견딜 수가 없었어요. 견딜 수가 없었다는 것이 뭐냐 하면, 예수님이 계시다는 것을 알게 돼서 견딜 수가 없었어요.

그날따라 너무 힘들어서 설교도 안 들리고 사람들 말도 다 거짓말 같았어요. 그래서 입석 뒷산을 혼자 30분 정도 걸었어요. 그러다 무릎 꿇고 기도했어요. 하나님이 살아 계시면 말 좀 해 달라고 졸랐어요. 근데, 아무 느낌도 소리도 없었죠. 힘들고 짜증나서 뒹굴거렸습니다. 하나님을 불렀지만 대답이 없었어요. 그래서 나는 이제 내려가겠다고 생각했죠. 그때가 새벽이었어요. 기도 요청을 했던 선배가 올라오더군요. 근데 나를 위해 기도하지 않고 자기 죄를 회개하며 기도했어요. 깜

짝 놀랐죠. 그때 성령께서 나를 감싸셨습니다. 나도 그 옆에서 회개하기 시작했어요. 어떤 영이 나를 감싸는 것을 느꼈고 예수님이 느껴지고 보이기 시작했습니다. 내 죄가 드러나기 시작했습니다. 대성통곡을 했습니다(콧물이 그렇게 많은지 처음 알았네요). 그 순간부터 예수님이 나를 찾아오셨습니다.

강석우 • 전혀 안 그러실 듯한데요, 콤플렉스가 많다는 것이 새롭습니다.

하용조 • 예수님을 믿고 나서 제일 좋은 것이 콤플렉스가 사라진 것이에요. 이제는 과연 그런 게 있었나 싶습니다.

강석우 • 온누리교회, CGNTV, 두란노서원, 아버지학교 등 일이 많으셨어요. 원래부터 성격이 적극적이셨는지요.

하용조 • 어려서부터 누구를 만나도 인사를 했습니다. 쫓아가서 인사할 정도였어요. 정이 많고 의욕적인 사람이에요. 그리고 내가 생각해도 창의적입니다. 아침에 눈을 뜨면 하늘의 별처럼 많은 생각이 돌아다닙니다. 머릿속에 방이 많아요. 동시에 다섯 개, 열 개의 일을 합니다. 하나님이 그렇게 만드셨어요.

고등학교 때는 한복을 입고 살 정도로 조국을 사랑했습니다. 누님이랑 약수터를 갈 때도 태극기를 꼭 들고 갔어요. 누님이 태극기의 두 쪽을 잡고, 나도 반대 쪽을 잡고 서로 애국가를 부르기도 했어요. 그리고 사회과학 서적도 많이 읽었습니다. 〈사상계〉가 목회의 기본 자료가 된 것 같습니다.

김자옥 • 아무리 하나님이 같이 계신다고 해도 육체의 고통과 아픔을 어떻게 이기시나 궁금합니다.

하용조 • 일주일에 3번, 4시간씩 투석을 받습니다. 소변이 정상이 아니죠. 인공적으로 물과 노폐물을 빼내는 작업을 합니다. 간암 수술을 지금까지 8번을 받았습니다. 대학 때는 폐병도 앓았고, 고등학생 때는 장티푸스도 앓았습니다. 저는 지금도 병 덩어리이고 지난날도 그렇습니다. 죽는 거구나 할 정도로 힘들 때도 있습니다. 내가 병에서 구원받은 것은 교회입니다. 전도한 사람만 생각하면 에너지가 납니다. 예수 믿고 나서 변화가 된 것처럼 말이죠.
병을 앓고 나서 나는 단순해졌습니다. 복잡하지 않습니다. 몸은 힘들어도 세상이 요동쳐도 나는 상관이 없어요. 죽고 사는 것이 하나님 손에 있기 때문입니다. 건강하다고 안 죽는 것도 아닙니다.

강석우 • 투석할 때 참 외롭다고 느끼고 누군가의 손을 잡고 싶기도 하실 것 같아요.

하용조 • 사실 그런 경험은 별로 없습니다. 수십 억의 여자를 포기하고 한 명과 결혼하지 않았나요. 한 남자를 선택한다는 것은 이것도 되고 저것도 되는 것이 아니지 않습니까. 그런 것 같습니다. 다른 누구 손을 잡고 싶지는 않습니다.
아플 때는 왜 내 기도에 응답하시지 않으시나 생각해 보지만, 하나님이 왜 나를 반 죽여 놓고 살게 하셨나 싶어요. 그런데 내가 아프면서 그 이유를 나중에 알았어요. 나를 살려 두시면 내가 교만해져서 펄펄 날아다닐 것을 내가 너무 잘 압니다. 내가 딴 생각만 하면 암이 생깁니다. 일종의 까불지 마라, 뭐 이런 거죠.

강석우 • 목회하다 보면 영적 갈등이나 침체가 오기도 하죠?

하용조 • 수시로 와요. 아무리 태풍이 불고 폭풍이 쳐도 파도 밑에 들어가면 파도 속에 묻혀 죽는데, 파도를 타면 신이 납니다. 고난은 파도예요. 파도 위를 탄다, 생각하면 괜찮습니다.

강석우 • 교회와 성도를 향한 사랑은 선천적으로 타고 나셨나요? 아니면 누구에게 배우셨나요?

하용조 • 저는 좋은 멘토를 만났습니다. 좋은 친구도 만났습니다. 이동원 목사, 홍정길 목사와 형제보다 가까이 지냅니다. 이 지구상에서 같이 숨을 쉬고 있다는 것만으로도 기쁩니다. 서로 충고도 하고 경고도 합니다. 안면 깔고 가는 것이죠. 내가 실수할 수 있는 확률을 막아 주는 사람들입니다.
내 인생에 영향을 준 몇몇 멘토가 있어요. 믿음의 씨를 심어 준 사람이 김준곤 목사셨어요. 사람이 사랑하면 닮아 가더군요. 연예인 좋아하는 아이들의 마음을 이해합니다. 정말 사랑하고 존경해요.
지금도 나를 돌보시는 주선애 교수님도 마찬가지입니다. 한국 교회의 여성 대표라고 할 만한 분이세요. 그분이 나에게 신학교를 가라고 하셨고, 지금도 영적 후견인이세요. 연예인 교회를 할 때도 영적 후견인이셨어요. 교회 위기 때마다 그 자리에 와서 앉아 주셨어요. 문제가 해결되면 그 자리를 떠나셨어요. 지금도 그러십니다.

강석우, 김자옥 • 윤복희 권사님이 식량 이야기를 하셨는데, 그건 어떤 건가요?

하용조 • 연예인교회 시절에 연예인들이 저희 집에 와서 살았어요. 그분들이 다들 외로운 사람들이니까 접촉점을 만들려고 했죠. 외로움은 사람의 마음을 허무니까. 그때 이야기죠. 문이 하나 닫히면 반드시 다른 문이 열립니다. 근데 우리는 자꾸 닫힌 문만 보고 발버둥을 칩니다. 닫힌 문을 보지 말고 열린 문을 봐야 해요. 그 문은 반드시 열립니다. "구하라, 찾으라, 두드리라"라고 말씀하신 것이 이것이죠.
내가 가고 싶은 문을 두드리니 안 열리면 동동거리지만 예수님께서는 다른 문을 주셨어요. 그 문을 두드려야 해요. 터널과 동굴이 다릅니다. 터널은 컴컴해도 지나가면 그만입니다. 동굴은 들어갈수록 컴컴합니다. 캄캄하고 무섭지만 끝이 있습니다. 우리 인생도 그렇지 않나 싶어요. 고난을 무서워하지 말고 이것은 터널이라는 것을 기억하면 좋겠어요.

강석우 • 러브소나타는 어떻게 시작됐나요?

하용조 • 40일 새벽기도를 5년째 하고 있습니다. 그때 주신 말씀입니다. 왜 일본을 주셨는지는 모릅니다. 전 세계를 복음화 하겠다고 새벽기도 때 깃발을 흔들고 기도했어요. 마음속에 하나님이 일본을 사랑하라고 하셨습니다. 우리가 일본에게 사죄해야 한다는 생각이 들었어요. 우리는 일본과의 경기에서는 무조건 이겨야 한다고 할 정도이니까요. 사이타마 홀에서 2만 명과 함께 러브소나타를 할 때, 첫 설교에서 "우리의 오만함을 미안하다"라고 말했습니다. 순식간에 장내가 조용해졌습니다. 일본인들이 나를 이해해 주고 받아 주기 시작했습니다.

김자옥 • 저는 니가타 러브소나타에 갔다 왔어요. 울면서 따라다녔어요. 그렇게 사람들이 많이 모이는 것이 신기했어요.

하용조 • 그러니까 우리도 벽을 뚫는 것과 같았습니다. 하나님이 우리에게 시키신 일이었기에 믿음으로 가서 집회를 했습니다. 빌리 그레이엄이 설교 중심의 전도 집회였다면 우리는 문화 중심의 전도 집회, 공연 중심의 집회였습니다. 처음에는 기대감 없이 왔다가 다들 놀라서 돌아갔습니다. 후쿠오카, 오키나와, 고베, 삿뽀로까지 가니까 사람들이 놀라더군요. 그때 전도는 끝까지 해야 하는 것이라는 걸 배웠어요. 나는 한류를 하나님이 만드신 게 아닌가 생각합니다. 한국이 어느 날 업그레이드되지 않았습니까. 붙잡을 것이 하나 없는 나라가 한류의 중심이 되었습니다.

김자옥 • 혹시 교회에 바라시는 게 있을까요?

하용조 • 교회에 바라는 게 세 가지 있어요. 첫째 단순했으면 좋겠습니다. 우리 사회가 술 먹는 사회이고, 미쳐 가는 사회이니까 우울증으로 수면제 먹다 자살하는 일들이 생겨요. 우리는 또 어렸을 때부터 포르노에 노출되어 있다 보니 성범죄가 쉽게 일어나기도 합니다. 자기 발등을 찍는 것이에요. 우리 사회가 순결해야 합니다. 정결해야 합니다. 그래야 이 민족이 살 수 있습니다.

그 다음에는 이웃을 봤으면 좋겠어요. 나만 보지 말고, 옆도 좀 보길 바랍니다. 배고픈 사람에게 숟가락 하나 주면 좋겠어요. 우리 교회도 앞만 보고 달려왔지, 옆을 보지 못했어요.

강석우 • 버릴 수 없는 것, 죽어도 해야 하는 것, 포기할 수 없는 것이 있어요. 그것이 꿈이라고 하셨습니다. 목사님의 꿈은 무엇입니까?

하용조 • 나를 위해 기도하다가 남을 위해 기도하게 됩니다. 남편이나 아내를 위해 기도하다가 국가를 위해 기도하게 됩니다. 그러나 쉽지 않습니다. 해야 되는 것은 알지만 가슴에 와 닿지 않습니다. 그런데 가 본 적도 없고 만난 적도 없는 미전도 종족을 위해 목숨을 걸고 선교한다는 것이 쉽지 않습니다. 최초의 선교사는 예수님이시죠. 하늘의 지위를 버리고 땅으로 내려오셨으니깐요.

김자옥 • 목사님은 참 다정하세요. 아내에게는 어떤 남편이신가요?

하용조 • 회개해야 합니다. 아내가 올해 60인데, 아내를 챙기지 못한 것이 늘 미안합니다. 나는 일하느라 아내를 챙기지 못했습니다. 아내가 나를 너무 기다리게 했어요. 어느 날 춤을 추더라구요. 일본에서 투석하게 되었더니, 24시간 내 옆에 있는데 "내 것이 왔다"라며 춤을 추며 기뻐하는 모습을 보고 가슴이 아팠습니다. 아내에게 사랑한다고 표현은 합니다. 그러나 시간을 들여야 합니다. 내 마음이 눈물이 날 만큼 아내에게 미안해요. 그만큼 미안해요. 마음이 아프지.

강석우 • 사모님께 하고 싶으신 말씀 있으시면 해 주실 수 있을까요?

하용조 • 여보, 두 가지 말을 하고 싶어요. 사랑한다는 말과 미안하다는 말이에요. 늦게나마 표현할 수 있으니 감사해요. 그동안 수고 많이 했고, 나 대신 아이들 키우느라 눈물 많이 흘려 줘서 고마워요. 용기를 내어 지나간 아픔 다 잊고 나에 대한 원망도 잊고 후반전을 다시 삽시다. 사랑합니다.

강석우 • 가장 걱정되는 건 무엇인가요?

하용조 • 교회죠. 교회가 태풍처럼 흔들립니다. 위기의 절정에 있어요. 특별히 대형 교회가 그렇기에 책임감을 느낍니다. 어떻게 하면 존경받는 교회가 될 수 있을까, 어떻게 세상의 희망이 될 수 있을까 생각합니다. 걱정이라면 그게 걱정입니다. 사실, 병은 걱정이 안 됩니다. 병은 내 병이니까. 결과를 아니까. 나는 반드시 일을 다 마치고 죽습니다. 그냥 아플 뿐이지 걱정거리는 안 됩니다.

강석우 • 방송을 통해 목사님께서 선교사 파송하시는 장면을 보면 따듯하게 느껴지고 감동이 됩니다. 선교사님들께 안부 인사 부탁드려요.

하용조 • 선교사님들은 기도를 먹고 사시는 분입니다. 후방에서 기도해 주지 않으면 전방에서 전쟁을 할 수 없어요. "사랑합니다. 끝까지 참고 견디세요. 하나님이 당신의 손을 붙잡아 주실 겁니다. 외로운 만큼 붙잡아 주실 것이고, 연약한 만큼 붙잡아 주실 것입니다. 당신이 고독하고 힘들 때가 바로 하나님이 가장 가까이 계실 때라는 사실을 잊지 마십시오."

강석우 • 이 방송을 통해 힘들고 외로운 분들이 위로를 많이 받았겠다는 생각이 들었어요. 인생의 끈을 놓고 싶을 때 그때가 하나님이 나를 위해 방을 마련하실 때가 아닌가 하는 생각이 듭니다.

김자옥 • 편찮으신 분들에게 위로가 많이 될 것 같아요.

하용조 • 고통은 위장된 축복입니다. 그 사건이 아니었다면 내가 하나님께 돌아갈 길도 없고, 그 실패와 좌절이, 그 병듦이 나로 하여금 고속도로를 가게 하는 것입니다.

새 힘을 주시는
하나님을 신뢰하십시오

2011년 1월 온누리신문 장선철 편집국장과 인터뷰

장선철 • 더 좋은 세상을 만들기 위한 교회의 역할은 무엇입니까?

하용조 • 예수님께서 우리를 십자가에서 안아주셨듯이 우리는 이 사회를 안고 세상을 변화시켜야 합니다. 교회는 세상을 변화시키고, 세상에 희망을 주는 역할을 감당해야 합니다. 더 좋은 세상을 만드는 일에 교회가 앞장서야 합니다. 땅끝까지 선교사와 사역자를 보내 학교와 병원을 세워 어려운 사람들을 복음으로 인도하는 역할을 해야 합니다. 하나님이 주신 첫 번째 핵심 가치는 '전도와 선교'입니다. 예수 그리스도를 한 개인의 영혼에 심는 전도와 국경을 초월해 미전도 종족에게까지 예수 그리스도를 전하는 선교 훈련을 하고 싶습니다.

장선철 • 성도들의 최대 관심사는 역시 목사님의 건강입니다. 건강은 어떠신지요?

하용조 • 오랫동안 육신의 어려움을 겪고 있어 항상 성도들에게 미안한 마음입니다. 지금도 일주일에 3번씩 투석을 하고 있는 터라 목소리 외에는 성한 곳이 한 곳도 없습니다. 하지만 모든 것을 하나님의 놀라운 섭리로 여기고 있습니다. 교만할 틈을 주시지 않는 겁니다. 하나님은 '수가 많으신 분'입니다.
지난 3년 동안 치료를 위해 일본에서 지내면서 하나님의 뜻과 제 생각이 전혀 다르다는 것을 깨달았습니다. 건강을 회복해 빨리 서울로 돌아가는 것만 생각할 때는 몸 상태가 좋지 않았습니다.
또 몸이 조금만 나아지면 사역에 대한 유혹이 물밀듯이 몰려오곤 했습니다. 하나님께서 제가 일본 선교에 헌신할 것을 원하신다는 것을 깨달았습니다.

장선철 • 하나님께서 교회에 새로운 표어 '주여! 나를 보내소서'를 주셨습니다. 목회의 방향을 소개해 주세요.

하용조 • 이제 청년의 때를 맞은 교회는 변화와 갱신이 절실합니다. 교회가 초심으로 돌아가기 위해 리더가 필요합니다. 교회는 제도와 시스템으로 움직이는 것이 아닙니다. 리더들의 솔선수범으로 믿음의 공동체를 세워 가야 합니다. 그리고 무엇보다 차세대 교육을 위한 공간이 필요합니다.
이런 일들을 위하여 하나님의 부르심에 "나를 보내소서"라고 응답했던 이사야의 고백이 모든 성도님들의 고백이 되었으면 좋겠습니다. 이 세상에는 할 일도 많고 가야 할 곳도 많습니다. 하지만 우리는 대부분의 시간을 잘못 사용합니다. "주여 나를 보내소서"라는 말씀은 선교사로 떠남은 물론 가정이나 직장, 어디에서건 복음을 전하기 위해 떠나는 것을 의미합니다. 특별히 탈북자들, 외국인 근로자들과 같은 소외된 이웃을 초청해 교제를 나누어야 합니다.
선교지에서 하나님 아버지의 마음을 느끼고 예수님의 보혈과 십자가, 성령 충만에 집중하는 시간이 필요합니다.

장선철 • 파라처치로서의 CGNTV와 두란노서원 사역은 어떻게 확산되는지요?

하용조 • CGNTV는 앞으로 아랍권에 방송을 하게 되고 프랑스어로도 방송을 송출할 계획입니다. 전 세계적으로 불어를 쓰는 사람들이 참 많습니다. 불어가 다양한 지역에서 통용되고 있는 추세에 발맞추기 위함입니다. 이런 일들을 하는 데 있어서 비록 능력과 재정적인 힘은 부족하지만 하나님께서 비전을 보여 주시고 행하게 하십니다.

두란노서원이 30주년을 맞았습니다. 두란노서원은 주일만 지키는 '선데이 크리스천'을 매일의 삶에서 그리스도의 향기를 드러내는 '에브리데이 크리스천'으로 바꾸는 날까지 포기할 수 없는 사역입니다. 시대적 변화에 적극적으로 대응하여 지난 30년 동안 누적된 콘텐츠를 디지털로 변환, 공급할 것입니다. 소규모의 교회들이 고비용, 전문 인력의 부족으로 시도하지 못했던 목회를 위한 고급 정보를 제공하는 일에 전력할 것입니다.

이 두 곳은 하나님께서 제가 맡기신 특별한 은혜입니다.

장선철 • 하나님께서 러브소나타를 통해 특별한 은혜를 부어 주셨습니다. 앞으로의 계획이 듣고 싶습니다.

하용조 • 블레싱 캄보디아를 통해 그 가능성을 보았습니다. 인도차이나 반도 중 유일하게 열린 땅이 캄보디아입니다. 대형 집회가 어느 곳에서나 가능합니다. 또 아시아 15개국을 관통하는 아시안 고속도로가 캄보디아를 통과합니다. 하나님께서 캄보디아를 사용하실 것입니다. 캄보디아 현지에서 러브소나타 집회를 열 계획입니다.

일본에서 시작된 러브소나타가 캄보디아를 거쳐 터키로 서진(西進)하여 이스라엘에까지 이르게 되는 것입니다. 캄보디아를 시작으로 아시안 고속도로를 따라 베트남, 라오스, 미얀마, 태국, 중국, 인도를 거쳐 터키와 이스라엘까지 러브소나타가 울려 퍼질 것입니다.

장선철 • 성도들에게 전하고 싶은 한마디 부탁드립니다.

하용조 • 하나님께서 주시는 새 힘을 얻으십시오. 그 힘을 얻게 되면 아무리 힘든 상황에서도 독수리처럼 날 수 있습니다. 여호와를 앙망하는 자에게 새 힘을 주시는 하나님을 신뢰하시기 바랍니다.

하나님께서 "내 영을 네 머리 위에 부어주겠다"라고 약속하셨습니다. 하나님께서 성령을 여러분에게 부어 주실 것입니다. 여러분 모두 축복 받을 그릇이 되십시오. 가진 것이 없지만 하나님을 바라보고 내 마음을 열고 그분을 기대하면 하나님의 채우심을 경험할 수 있습니다. 모두에게 이러한 축복이 함께하길 바랍니다.

예수님과 함께하면 행복합니다

2011년 온누리 리더십 목양대회 CGNTV 조정민 목사와 대담

조정민 • '사도행전적 바로 그 교회'에 대해 궁금합니다.

하용조 • 교회의 모델은 예수님입니다. 우리는 자칫하면 제도, 반복, 전통을 따라가기 쉽습니다. 예수님을 따르지 않고 안식일을 따르려고 하거나 교파, 교단, 제도를 만들어 신앙생활을 인위적으로 하기 쉽습니다. 가장 중요한 예수님을 잃어버리고 사람들이 인위적으로 만들어 낸 교파나 교단이라는 껍데기를 따르려고 합니다. 복음으로 시작된 신앙생활이 자신도 모르게 율법이 되고, 성령님의 인도하심을 체험하던 신앙생활이 결국 자신의 생각으로 바뀌고 맙니다.

인간의 마음은 가만히 놔두면 썩기 쉽습니다. 그렇기 때문에 교회에 가야 하고 교회에 가면 예수님을 바라보아야 합니다. 그것이 목회입니다. 교회의 엔진은 성령님입니다. 우리 역할은 그저 하나님께 영광을 올려 드리는 것입니다. 우리 모델은 예수님이시고, 성령님은 우리의 힘입니다. 사도행전적 영성, 리더십, 조직과 행정, 성경이 우리 교회의 DNA입니다.

조정민 • 목사님께서는 선교에 목숨을 거셨습니다. 그렇게 하시는 이유는 무엇입니까?

하용조 • 사도행전적 교회는 예산, 행정, 인력 등의 반 이상을 선교에 투자합니다. 우리가 꿈꾸는 사도행전적 교회는 선교적 교회이기 때문에 선교에 올인해야 합니다. 하나님의 마음에 합당한 것이면 이상한 일이 벌어집니다. 성령님이 우리를 움직이게 하기 때문입니다.

조정민 • 사도행전적 리더십에 대해 말씀해 주세요.

하용조 • 온누리교회의 영성은 5가지입니다. 오른손을 들어 보세요. 이것은 말씀의 영성입니다. 오른발을 한번 털어 보십시오. 이것은 성령의 영성입니다. 두 손을 들어 보십시오. 이것은 참여의 영성입니다. 그리고 왼쪽 발을 들어 보십시오. 이것은 선교의 영성입니다. 네 바퀴처럼 말씀, 성령, 참여, 선교라는 4가지 축이 함께 돌아갑니다. 또한 두 다리와 두 발은 심장과 연결되어 있습니다. 그것은 공동체 영성입니다. 이것이 곧 온누리교회입니다. 다섯 가지 영성이 온누리교회를 움직이는 원동력입니다.

여러분, 사도행전적 리더십은 '플러그인 리더십'입니다. 서로가 서로를 지배하는 것이 아니라 서로를 플러그인 하는 리더십입니다. 하나님과 접속하고, 그 힘으로 세상에 접속하는 것, 마치 디지털 코드와 비슷한 네트워킹입니다. 끊임없는 네트워킹을 통해 마치 영성이 넝쿨처럼 번져 나가는 것이 사도행전에서 보여 주는 리더십입니다.

사도행전적 리더십의 특징은 매트릭스입니다. 동과 서를 잇고 예루살렘 유대와 사마리아와 땅끝까지 이르러 증인이 되는 매트릭스가 짜이는 것입니다. 교회가 무엇 때문에 일본과 중국을 넘어 열방으로 복음을 들고 갑니까. 바로 사도행전적 매트릭스 때문입니다. 성령님이 임하면 자기 혼자 잘 먹고 잘 살지 못합니다. 자신이 가진 것을 나누어야만 살 수 있습니다. 이것이 복음의 특징입니다.

조정민 • 제가 목사님께 배운 가장 큰 자산은 바로 순종입니다. 순종의 삶을 사시게 된 이유는 무엇입니까?

하용조 • 여러분 안에 두 가지가 이루어지길 바랍니다. 하나는 하나님 말씀을 듣는 마음이 열리는 것이고, 나머지는 하나님의 음성을 듣는 귀가 열리는 것입니다. 여러분, 무슨 일을 할지라도 그 일이 하나님 뜻이 아니라면 즉시 그만둘 수 있어야 합니다. 과거에 저는 교회가 커지고 규모가 갖추어지면서 나도 모르게 목사 대접을 받고 싶은 마음이 생겼던 적이 있습니다.
하나님은 어제나 오늘이나 동일하신데 제가 변한 것입니다. 그때 '아차!' 하는 생각이 들었습니다. 하나님은 변하시지 않습니다. 사람이 변하는 것입니다. 하나님의 뜻이면 고통은 더 이상 고통이 아닙니다. 섭섭함은 더 이상 섭섭함이 아닙니다. 주님은 어제나 오늘이나 동일하십니다. 여러분을 사랑하시고 기다리고 계십니다. 그리고 여러분을 축복하길 원하십니다. 어렵고 고통스러워도 하나님은 여러분이 그 일을 이루기를 바라십니다. 리더는 하나님의 음성을 듣는 자이고, 하나님의 음성을 듣는 즉시 순종하는 사람입니다.

조정민 • 많은 사람들이 온누리교회의 사역에 대한 관심이 많습니다. 목사님께서 추구하고 있는 교회 사역의 출발은 무엇입니까?

하용조 • 어떻게 성도들을 섬겨야 할까요. 우리가 해야 할 가장 중요한 일은 양들을 잘 섬기는 것입니다. 교회는 하나님이 보내 주신 양들, 즉 성도들을 잘 돌봐야 합니다. 요한복음 10장 11절에서 예수님은 "나는 선한 목자다"라고 말씀하셨습니다. 세상을 향해서는 빛이라고 말씀하셨지만 양들을 향하여서는 '선한 목자'라고 말씀하셨습니다. 목자들은 양을 위해 생명을 아끼지 않습니다.
"여호와는 나의 목자시니 내게 부족함이 없으리로다 그가 나를 푸른 풀밭에 누이시며 쉴 만한 물가로 인도하시는도다"(시 23편 1-2절). 이것이 교회입니다. 교회는 하나님의 양들이 모인 공동체입니다. 양은 목자가 없으면 의미가 없습니다. 스스로 존재하지 못하기 때문입니다. 목자들은 자신을 위한 훈련이 절대적으로 필요합니다. 자기에게 구원의 확신이 없는 사람이 어찌 남에게 구원을 얘기할 수 있겠습니까. 성령 체험을 받지 못한 사람이 어찌 남에게 성령의 능력을 말할 수 있겠습니까.

목자가 넘어지면 양들도 함께 넘어집니다. 순장이 넘어지면 그 순 모두가 넘어지게 되는 것과 같습니다. 순장님들께 전하고 싶은 메시지입니다. 여러분, 순은 곧 순장입니다. 순장이 기도 열심히 하고 헌신하면 돌보는 양들이 잘못될 수가 없습니다. 기도하지 않고 자기 관리를 하지 않는다면 그 어떤 방법을 써도 순은 무너지고 관계의 골은 깊어집니다. 에베소서 4장 27절을 보면 사도 바울이 마귀로 하여금 틈을 주지 말라고 말하고 있습니다. 마귀는 틈만 보이면 우리를 공격합니다. 영적 지도자의 위치가 얼마나 중요한지 잘 알 수 있는 대목입니다.

기적을 일으키는 곳이 순입니다. 하나님을 사랑하고 성령님의 능력을 체험하고 말씀을 배우는 종교가 기독교입니다. 자신이 경험한 사랑으로 세상을 변화시키는 사람들이 크리스천입니다. 이 모든 일을 가능케 하신 분이 바로 예수님입니다. 사도행전은 끝나지 않았습니다. 다른 것에 관심이 많으면 중요한 것을 등한시하게 됩니다. 사도 바울은 십자가와 복음, 부활의 복음, 하나님의 나라를 중요하게 생각했습니다. 그는 그 외에는 모든 것을 제한했습니다.

조정민 • 꼭 당부하고 싶은 말씀이 있다면 무엇입니까?

하용조 • 인생이란 '떠나는 것'입니다. 어떤 경우에는 다시 만날 수 있는 헤어짐도 있지만, 어떤 경우에는 영원한 이별인 헤어짐도 있습니다. 목을 놓고 울어야 하고, 슬픔과 섭섭함을 나누어야 할 때도 있습니다. 그것이 인생입니다. 사랑하는 사람을 영원히 떠나보내는 일도 있습니다. 그러나 절대로 떠나보내서는 안 되는 분이 있습니다. 바로 예수 그리스도입니다. 여러분과 예수님은 함께 계십니까? 여러분과 예수님이 함께 있다면 우리가 헤어지고 만나는 것은 중요하지 않습니다. 우리는 천국에서 다시 만나기 때문입니다.

고민하지 마십시오. 예수님은 여러분과 함께하십니다. 순종하십시오. 순종하면 고통스럽게 만드는 일도 즐거워집니다. 여러분이 예수님과 함께 있다면 불행한 일이 행복한 일로 변하는 놀라움을 경험하게 될 것입니다.

다른 것에 관심이 많으면 중요한 것을 등한시하게 됩니다.
사도 바울은 십자가의 복음, 부활의 복음,
하나님의 나라를 중요하게 생각했습니다.
그는 그 외에는 모든 것을 제한했습니다.

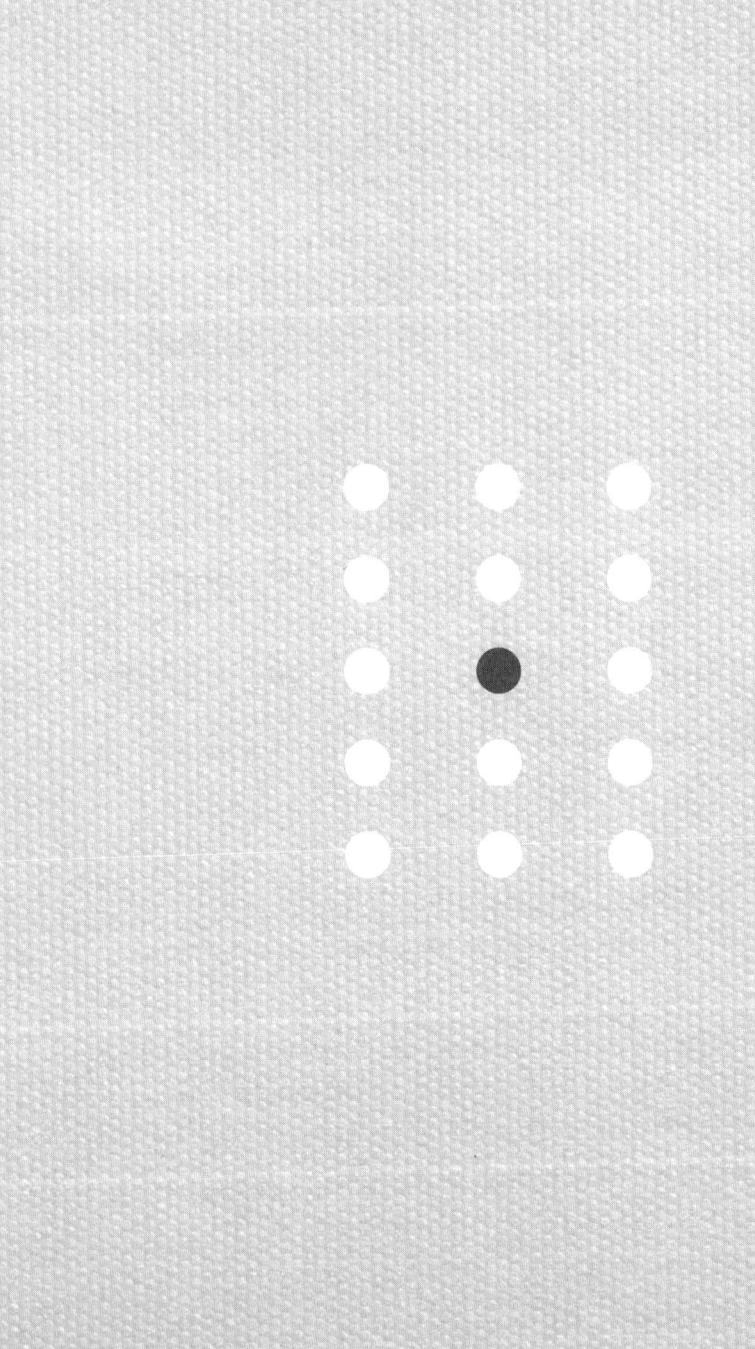

한국 교회, 세상 속에서 소금맛을 냅시다

1999년 〈빛과소금〉 4월호 옥한흠, 홍정길, 이동원 목사와 특집 좌담

하용조 • 오늘 좌담은 두 가지 면에서 특별한 의미가 있다고 생각합니다. 먼저 〈빛과소금〉 창간 14년 만에 제호를 바꾸게 되었다는 데 의미가 있고요, 또 하나는 내년 즉 2000년대를 바라보면서 한국 교회를 진단해 본다는 데 의미가 있습니다. 특히 오늘 모신 세 분 목사님은 〈빛과소금〉 창간 때부터 동참해 주셨고 지난 14년 동안 함께하신 분들이기 때문에 〈빛과소금〉의 모습과 사명을 새롭게 재점검하는 의미로 이 자리를 마련했습니다.

주님께서 '너희는 소금이고 너희는 빛'이라고 말씀하셨는데, 그동안의 한국 교회가 '빛'으로서의 교회 사명을 강조했다면,

2000년대를 앞두고 이제는 '소금'으로서의 사명을 정비할 때가 되지 않았나 생각합니다.

존 스토트 목사님은 빛을 전도로 보고 소금을 사회 참여로 보았는데, 지금까지 한국 교회가 복음 전도와 선교에 중점을 두어 왔다면 앞으로는 교회의 내적인 면, 성숙, 삶 그리고 사회적 책임을 강조해야 될 때입니다. 때문에 〈빛과소금〉 제호를 〈소금과빛〉으로 바꾼 것입니다. 소금이 있어야 빛이 있는데 그동안 우리가 소금의 역할을 너무 등한시해 왔죠. 이런 의미에서 〈빛과소금〉과 함께 지난 14년 동안 목회를 해 오신 목사님들께서 현재 느끼는 한국 교회의 모습에 대해 말씀해 주세요.

이동원 • 한국 교회의 지나간 시기를 100년과 200년 둘로 나눈다면, 처음 50년은 교회가 이 땅에 세워지기 위해서 몸부림쳤던 시기였다고 생각합니다. 그렇게 한 50년을 넘겼고 그 후 50년은 한국 교회의 성장기였습니다. 그리고 지난 20년은 특별히 한국 교회가 세계에 알려지기 시작한 시기입니다.
피선교국에서 선교국으로, 즉 복음을 나누어 주는 국가로 변신한 그런 시기입니다. 동시에 교회 자체의 모순으로 갈등하면서 교회의 윤리와 크리스천의 정체성이 무엇인가를 고민한 시기였다고 생각합니다.

하용조 • 홍정길 목사님은 최근 한국 교회를 "머리칼이 잘리고 눈알마저 뽑힌 무력한 삼손"이라고 표현하신 적이 있는데요. 한국 교회의 가장 시급한 과제가 무엇이라고 생각하십니까?

홍정길 • 저는 최근 몇몇 목회자들로부터 100명 미만의 교인을 3년 동안 목회하면서 당한 아픔과 좌절들을 들었습니다. 그런데 실제로 한국 교회의 90퍼센트 이상이 30명에서 300명 사이의 규모입니다. 그 목회자들이 변화되지 않고는, 그분들이 자존감을 회복하지 않고는 교회 몇 개가 커진다고 해도 달라지는 것이 없습니다. 몇 교회가 새로워진다고 해도 뿌리가 좌절하고 있는데 그 문제가 어떻게 해결되겠습니까? 한국 교회의 전체적인 모습을 볼 때, 이 문제의 해결 없이, 즉 그분들이 목회에 대해서 새롭게 소생하는 힘을 얻는 것이 시급한 과제입니다.

하용조 • 홍 목사님은 그분들의 자존감 회복을 한국 교회의 가장 중요한 문제로 보셨습니다. 옥한흠 목사님은 한국 교회의 문제가 무엇인지, 우리의 현 위치가 어디인지, 어떤 점에서 시작해야 한다고 생각하시는지요?

옥한흠 • 입을 다물고 있는 다수의 교역자들이나 교인들이 아직은 건재하다고 봐요. 그러나 상당한 영향력을 가지고 있는 부류의 사역자들과 일부 평신도 지도자들의 의식 구조가 너무 세속화되어 있어요. 제가 '너무'라는 말을 써서 죄송하지만, 어떤 의미에서는 그 말도 강도가 약할지 몰라요. 그래서 어떤 사람은 아예 '골병든, 잘못된 세력'이라고까지 말하기도 하죠. 나도 그중에 포함될 수 있죠.
"잘 살아 보세" 하는 구호 밑에서 계속 '성장, 성장'만을 과하게 추구했습니다. 강단에서도 은혜만 강조하면서 고함치는 지도자들이 많은 문제를 만들었다고 봅니다. 윤리 의식이라고 할까, 양심이라고 할까, 그런 부분에서 위험 수위를 조금 넘었다고 생각합니다. 지금은 '부흥'이 아니라 우리가 어떻게 하면 살아남을 수 있는가 하는 문제가 참으로 중요한 시기입니다. 그래서 '소금'이라는 말을 강조하는 것에 큰 의미가 있다고 봅니다.

하용조 • 이제 소금으로서의 교회의 다른 면을 부각시키지 않으면 우리 한국 교회의 위상과 기초가 흔들릴 수밖에 없게 된다는 생각을 합니다. 다시 말하면 그건 교회론인 것 같아요. 그러면 21세기를 앞둔 한국 교회에서 덜 강조되었거나 잊혀진 부분들, 정말 우리가 다시 회복하고 강조해야 할 교회론은 어떤 것인지 생각해 봅시다.

이동원 • 교회론을 말하기 전에, 제 머릿속에서 오래도록 떠나지 않는 교회가 있어요. 미국에서 큰 열풍을 일으킨 찰스 콜슨의 *The Body*라는 충격적인 책이 있는데 이 책에 나온 교회입니다. 저는 그분으로부터 직접 들었는데, 워싱턴 제4장로교회의 헬퍼슨 목사님 이야기를 인용한 것이에요.
한번은 헬퍼슨 목사가 외국에 다녀오며 워싱턴에 도착할 때쯤 비행기 안에서 자기 교회가 보이나 내려다보았는데 잘 안 보이더랍니다. 그래서 섭섭해 하던 중에 자기 교회 대신에 백악관, 국방성, 존스홉킨스대학, 병원 등이 눈에 들어온 겁니다. 문득 교회 성도 중 국방성에서 일하는 집사, 존스홉킨스대학에서 가르치는 교수, 병원에서 일하는 간호사 등이 떠오른 겁니다. 순간적으로 이런 생각이 뇌리를 스치더랍니다. "그래, 우리 교회를 찾을 필요가 없다. 저기가 다 우리 교회다. 우리 교회 성도들이 일하고 있는 곳이 바로 우리 교회다.

바로 그들이 교회를 이루고 있는 것이다."
저는 이 내용이 굉장히 강력하게 제 마음에 새겨졌습니다. 결국 우리가 이론적으로 강조해 왔지만 실제로는 충분히 강조하지 못한 것, 그것이 곧 '사람'입니다. 옥한흠 목사님도 지난 30년 간 '사람'을 훈련시키는 일에 전력을 다해 오신 줄로 알고 있습니다만. 교회가 곧 사람이라는 것이죠. 다시 강조하지만 교회의 본질은 사람입니다.

제가 어렸을 때는 교회 건물을 항상 '예배당'이라고 불렀습니다. 건물은 예배당이고 주님의 사람들이 곧 교회라는 인식이 분명했던 거죠. 그런데 언제부턴가 예배당이라는 말이 없어지고 교회라는 말이 그 자리를 대신하게 되었습니다. 그 후부터 우리가 교회라는 말을 신학적으로는 이해하면서도, 실제로는 너무 쉽게 한 건물에 국한시키게 되었죠. 교회의 본질을 사람으로서 다시 이해하고, 더 넓은 지평에서 '흩어진 교회'로서의 본질을 이해하는 것이 우리 시대에서 가장 중요하고도 회복되어야 할 명제라고 생각합니다.

홍정길 • 요즘 교회에 대해서 생각하는 것 중의 하나가 교회가 정말 한 영혼에 대한 깊은 관심을 갖고 있는가 하는 부분입니다. 얼마 전 제자훈련을 열심히 한다는 교회에 다니는 분을 만났어요. 그분 말씀이 15년 동안 계속해서 배우고 나니까 더 이상 배울 것이 없더랍니다. 그저 이 프로그램, 저 프로그램만 계속해서 돌아다녔지 한 영혼, 한 영혼을 하나님 앞에서 성장시키는 교육은 받지 못했던 것 같아요.
정말 교회가 한 영혼에 대한 깊은 관심을 갖고 있을까요? 이 문제에 대해서 제가 배우고 싶은 목회자가 있다면 미국 바이블펠로우십처치(Bible Fellowship Church)의 진 게츠 목사입니다. 제가 여러 사람을 못 봤으니 잘은 모르겠지만, 저는 그분이 영혼을 향한 깊은 관심을 가진 목사 중의 한 사람이라고 생각합니다. 그분의 책을 볼 때마다 그런 충격을 받아요.
이동원 목사님 말씀처럼 세상 속에 흩어져 있는 사람들 곧 흩어진 교회를 생각할 때면 그들이 각자 떨어져 있을 때도 하나님 앞에서 하나님의 능력과 연결된 삶을 살 수 있는 사람들인가 고민합니다. 교회의 관점에서 보면 교회가 세상을 이기는 그리스도인들을 키우고 있는가 하는 것이죠.
저는 진 게츠 목사를 만난 적도 없고 책으로만 봤을 뿐이지만, 글로 볼 때는 그분만큼 한 영혼과 사람 대해서 좋은 지침을 주는 글을 못 봤습니다.

이동원 • 그분이 처음에 써서 신학교에서 화제가 되었던 《현대 교회 성장학》(Sharpening The Focus of The Church)을 보았을 때, 저는 그분이 이론가가 아닌가 하는 생각을 했어요. 그런데 나중에 달라스신학교를 사임하고 실제로 실천의 장인 바이블 펠로우십처치를 시작하셨죠. 참으로 모범적인 것이 자기와 같은 아이디어를 가진 교회를 여기 저기 세우고 또 각 사람들이 직장에 가서도 복음적인 생활을 할 수 있도록 훈련시킨 후에 내보내는 역할을 했다는 것입니다.

홍 목사님 말씀처럼 그분의 사역은 중형 교회 혹은 소형 교회에서의 바람직한 목회자상입니다. 모이는 교회와 흩어지는 교회로서의 역할을 조화롭게 잘 보여 준 모델이라고 생각합니다.

하용조 • 이 목사님은 교회를 사람, 특히 교회 밖에 흩어진 교회로 여기고 교회의 지평을 열어야 한다는 말씀을 해 주셨고, 홍 목사님은 열정을 가지고 한 영혼을 세워 세상에 나아가 복음으로 승리하는 능력을 지니도록 키워 내야 하는 교회상을 제시하셨습니다. 그렇다면 옥 목사님은 어떻게 생각하시는지요?

옥한흠 • 두 목사님의 말씀에 좀 더한다면, 한 사람을 양육

할 때 목표를 갖고 양육하는 것이 중요하다고 생각합니다. 등만 두들겨 주는 것이 아니라 성숙의 목표를 가져야 된다는 것입니다. 이런 시각에서 교회론을 이야기하면 교회 사역은 평신도의 정체성을 확실히 세워 주는 작업입니다. 구원받은 자, 구별된 자로서의 정체성을 확고하게 세워 줄 때 각자 흩어질 수 있고 또 한 영혼이 성경이 말한 대로 기적을 이루는 영혼이 될 수 있습니다. 교회가 이런 정체성을 세워 줄 수 있을 만큼 목회가 진행되고 있느냐 하는 것이 곧 우리의 고민입니다. 사실 이 고민은 하면 할수록 한계에 부딪치는 본질적인 고민입니다.

하용조 • 저는 최근에 폴 스티븐스의 《참으로 해방된 평신도》라는 책을 반복해서 읽고 있는데요.

옥한흠 • 그 책은 조금 지나친 면이 있죠?

하용조 • 네, 그렇지만 우리가 배워야 할 부분이 있습니다. 우리가 평신도를 이야기할 때, 너무 극단적인 평신도주의도 문제가 되고 또 평신도를 하나의 수단과 방법으로 보는 것도 문제가 됩니다. 이 두 극단을 배제하고 본다면 결국 앞으로 한국 교회가 지향해야 할 교회론 중의 하나가 '평신도의 정체성' 또는 '평신도의 사역'이라고 봅니다. 한국 교회의 미래가 바로 평신도 사역을 목회자가 어떻게 정리해서 방향을 제시할 것인가에 달려 있지 않나 생각합니다.

이런 관점에서 보면 또 하나의 문제가 떠오르는데요. 교회는 그 교회의 목회자만큼만 성장하는 게 아닌가 하는 것입니다. 결국은 목회자의 문제로 다시 돌아오게 되는데 지금 이 시점에서 볼 때 전통적인 목회자상에서 수정되어야 할 부분들과 현재 한국 교회에 필요한 목회자상을 하나씩 이야기해 본다면 무엇이 있을까요?

홍정길 • 1983년인가요? 런던에 갔을 때 존 스토트 목사님과 목회자상에 대해 질문하고 답하는 시간이 있었어요. 하 목사님과 같이 갔었죠. 그때 스토트 목사님이 지적했던 것은 양을 아는 목자상, 양을 위해 목숨을 버리는 목자상이었습니다. 곧 우리의 이상인 주님의 목자상을 말하는 것이죠. 그런데 지금 목회자들의 가장 부족한 부분이 교인들을 잘 모른다는 것입니다.

제게 있어서 가장 고민되는 부분이 바로 이것입니다. 목회하면서 '정말 평신도를 위해서 내가 버리는 것이 무엇인가, 내가 손해를 보고 피해를 보는 것이 무엇인가' 하는 것입니다. 내적으로 많이 싸워야 할 문제가 아닌가 생각합니다.

이동원 • 예, 맞습니다. 목회자상을 기능적으로 정리해 보면 왕, 선지자, 제사장이거든요. 그럼 현대의 목사가 왕일 수 있을까요? 어떤 분은 그 왕이라는 단어가 너무 거추장스럽고 부담이 되면 지도자(leader) 혹은 관리자(manager)로 바꾸라고 하더군요. 결국 목회자상은 '리더로서의 목사'와 제사장과 같이 모임을 집례하고 이끌어 가는 기능적 역할을 하는 '예배자로서의 목회자'가 있겠죠. 또 하나는 역시 말씀을 선포하는 '선지자'의 모습이 있는데 이 세 가지 역할의 균형 속에서 참된 목회자상을 찾을 수 있지 않을까 생각합니다.
이중에서 우리가 따라야 할 최후의 모델은 예수님이세요. 따라서 홍 목사님이 말씀하신 대로 우리가 그분을 얼마나 바라보고 따라가느냐가 궁극적으로 살아가야 할 모습이 되지 않을까요?

하용조 • 좀 다른 얘깁니다만 목회자들이 지도자로서, 설교자로서, 또 예배자로서 목회를 이끌어 갈 때 두 가지 점을 같이 생각해야 한다고 봅니다. '본질 추구'와 '미래에 대한 열린 마음' 두 가지가 다 요구된다는 것이죠. 우선 제 자신의 이야기입니다만, 끊임없이 저를 괴롭히는 것 중의 하나고 본의 아니게 목회가 커지다 보니까 양들을 양육하고 돌보는 본질적인 부분에 있어서 쫓긴다는 겁니다. 목회의 본질을 잊어버리게 만드는 상황 속에서 목양 일념을 지켜내는 것은 커다란 내적 투쟁이 아닐 수 없습니다.

여기 계신 분들은 본의 아니게 작은 교회가 아닌 대형 교회 목사님들이신데, 한국 교회에는 큰 교회의 책임과 사명이 있다고 생각합니다. 옥 목사님이 지적하신 것처럼, 한국 교회의 성장한 교회들이 역할을 제대로 하고 있지 못해서 작은 교회들을 격려하고 돕지 못하는 것이 아닌가 하는 생각이 듭니다. 대형 교회에서 목회를 하는 분들은 작은 교회들에 대한 도덕적, 목회적 책임이 있다고 생각하는데요.

이런 면에 있어서 그래도 좀 안정되고 성장한 교회들이 소규모 교회들을 어떻게 격려하고 도와줄 수 있을까 하는 고민들이 한국 교회의 미래를 끌고 가는 좋은 길잡이가 된다고 생각합니다.

이동원 • 저는 대형 교회에 대한 "좋다, 나쁘다"라는 식의 이분법적 흑백 논리는 지양해야 한다고 생각해요. 성장하기 위해서는 수단과 방법을 가리지 않는다는 식의 논리로 성장 지상주의를 추구하던 교회 모델도 물론 지양해야 한다고 봅니다. 오히려 건강하게 목회를 하다보면 교회 크기도 자랄 수 있다는 것을 보여 주는 '건강한 대형 교회'의 모델이 필요하다고 봅니다. 그러나 우리가 본받을 만한 교회 모델은 '숫자는 적어도 건강한 교회'라고 생각합니다. 그런 면에서 홍 목사님이 섬기시는 남서울은혜교회는 건강한 중형 교회의 모델이 되어 왔다고 생각합니다.

미국의 워싱턴에 있던 아주 작은 교회로 처치 오브 더 세이비어(Church of The Savior)가 있거든요. 물론 그 교회가 복음주의적이냐 아니냐는 것에 대해 시비가 있어 왔습니다. 그것과 상관없이 그 교회는 90명 정도의 인원으로 4곳에 흩어져 모이는데, 다 모여도 200명이 안 되는 교회에요. 신기하게도 신학교 교수들이 다 그 교회에 와서 연구하고 배울 정도로 영향력 있는 교회입니다.

미망인의 집과 홈리스 피플 센터 등을 운영하는데, 풀타임 직원은 단 한 사람도 없이 자원봉사자들로만 운영되고 있습니다. 또 '종의 학교'라는 곳에서 철저한 그리스도의 종으로서의 교육을 받고 서약한 후에 그 교회의 구성원이 되고, 구성원이 되면 헌신해서 사역의 장에서 활동한다고 합니다. 그곳은 우리가 생각하는 복음주의적인 전도보다는 사회봉사에 더 치중하는 곳입니다. 이 교회는 숫자가 적어도 영향력이 있을 수 있다는 것을 보여 줍니다.
한국에서도 이런 교회들이 나오면 "아, 우리도 될 수 있다"라는 움직임이 많이 일어날 것입니다. 결국 대형 교회의 모델도, 건강한 소형, 중형 교회의 모델도 다 필요한 것이죠. 이러한 소형, 중형 교회가 한국 교회의 방향을 바꾸는 새로운 흐름이 될 수 있다고 생각합니다.

옥한흠 • 대형 교회는 반성해야 할 점을 분명히 반성해야 합니다. 큰 교회가 지나칠 정도로 성장 위주로 가다보니 주변 교회에 피해를 너무 많이 주게 됐습니다. 솔직히 우리 교회 주변에 있던 교회도 10개 정도가 이사를 가고 없어졌습니다. 가슴이 그렇게 아플 수가 없어요.
그러니 이러한 문제점은 큰 교회들이 자각을 해야 합니다. 큰 교회가 더 커지려고 자꾸 몸부림치는 것은 해로운 일이라고 생각합니다. 물론 자연스럽게 크는 거야 어쩔 수 없는 일이지만요. 우선 작은 교회를 위해서 우리 큰 교회가 해야 할 일은, 작은 교회 앞에서 으스대지 않는 것입니다. 겸손해야죠. 작은 교회나 큰 교회나 하나님 앞에 평등합니다. 한 영혼이나 천 영혼이나 하나님 앞에 똑같은 것처럼 큰 교회나 작은 교회나 다 동일하고 평등하다고 여겨야 합니다.

어느 교회나 충성하면 됩니다. 다섯 달란트나 한 달란트나 주님께서 칭찬하셨던 것과 같이 말입니다. 그래서 작은 교회 목회자들로 하여금 긍지를 갖도록 우리가 자신을 드러내지 말고 숨기면서 그들을 격려해야 한다고 봐요. 때로 우리 큰 교회가 자신의 교회에 들러리 세우기 위해 작은 교회 목회자들을 초청하는 잘못된 경우도 있죠. 그러나 잘못하면 그들로 하여금 열등의식을 갖게 할 수 있어요. 우리가 먼저 회개해야 된다고 생각합니다. 작은 교회의 목회자들을 위해서 우리가 격려하고 이해하고 축복해 주어야 합니다.

홍정길 • 크지 않은 교회는 실패한 교회라는 인식이 있습니다. 그래서 지금 신흥 교회들이 성장을 위해 수단과 방법을 가리지 않아요. 그리스도인으로서 하면 안될 일도 합니다. 성장 제일주의를 추구하는 목회자들은 오래가지 않지만, 그 추세 때문에 작은 교회 목사님들의 자괴감이 너무 커진 것 같아요. 그 현실에 대해서도 우리가 인정해야 합니다. 어떻게 그 문제를 해결해야 될지 모르겠지만, 한 영혼을 천하보다 귀하게 여기는 목회자의 눈을 가져야 된다고 생각합니다.

우리가 개척할 때는 적어도 불행하지는 않았잖아요. 그런데 지금은 그것이 깨져 버린 상태입니다. 그래서 우리가 그분들을 격려하고, 그분들로 하여금 적은 숫자로도 제 위치에 바로 설 수 있도록 어떻게 도울 수 있을지 고민하는 것이 상당히 중요합니다. 숫자가 적은 교회는 숫자가 적은 데서 오는 장점을 최대한 살릴 수 있도록 노력해야 합니다. 작은 교회로서 자기 충족성을 누릴 수 있는 모델을 만들도록 우리가 도와주어야 합니다.

옥한흠 • 하지만 우리가 스스로 교회가 작은 것을 합리화 시켜서는 안 됩니다. 왜냐하면 대도시에서도 아직 안 믿는 사람이 거의 85퍼센트나 되거든요. 이런 상황에서 작은 교회를 너무 이상화시키면 대단히 위험하고, 성경적이지 않다고 봅니다.

이동원 • 교회 건강의 생명은 결국 소그룹이라고 봅니다. 전 세계적으로 두 가지 모델을 볼 수 있는데, 건강을 지향하지 않고 큰 교회들이 무너진 사례로 짐 베이커의 왕국이 한순간에 몰락한 것을 들 수 있습니다. 이와 비슷한 교회들이 최근 미국에 많지요. 그러나 소위 소그룹을 통한 건강성, 생명을 지향한 교회들은 숫자가 늘어나면서도 꾸준히 교회의 건강성을 유지하는 경우도 많습니다. 결국 소그룹을 통한 충분한 '돌봄' 시스템이 있고 거기서 성도의 교제와 성숙이 이루어진다면 큰 교회라고 해서 문제될 것이 없다고 봅니다. 작은 교회라도 나누어지면서 작은 교회를 유지한다면 이 또한 바람직한 것이라고 봅니다.

홍정길 • 교인수가 늘어나는 것이 설교자의 설교 때문인 경우가 대부분입니다.

옥한흠 • 설교는 몰라서 못하는 경우도 있습니다. 지금까지 전통적인 교회에서 받은 영향의 패턴에서 벗어나지 못하고, 설교에 투자하지 않습니다. 교인들조차 그 것에 길들여졌습니다. 그러니 설교를 도와줄 수 있는 방안이 없을까요? 이것은 강의만으로는 안 됩니다. 소그룹처럼 모여서 워크숍을 하고 도와줄 수 있는 그런 교회가 나왔으면 좋겠어요.

이동원 • 신학교도 문제가 있습니다. 제가 미국에 있을 때 느낀 건데, 달라스신학교 출신의 학생들은 누구든지 설교를 잘합니다. 기본이 있습니다. 한국에서는 달라스신학교가 세대주의 신학을 가르친다고 비판하지만 적어도 그 학교에서 배운 사람은 설교의 기본을 갖추고 있습니다. 그 이유는 두 가지를 잘 가르치기 때문입니다.

달라스신학교 커리큘럼에서 제일 많이 가르치는 것이 성경 해석학과 설교학입니다. 설교학이 4학기이고 성경 해석학이 적어도 6학기입니다. 그것도 원어로 하죠. 이 수업들을 통해 기본기가 준비됩니다. 다른 신학교 출신은 개인에 따라 다릅니다. 그러니 신학교의 차이를 말할 수 있죠. 그리고 그 다음이 목사의 재교육입니다.

하용조 • 큰 교회들이 더 이상 교인수를 늘리는 것도 한계가 있습니다. 이제 시간을 투자해서 후배 목회자들에게 설교에 대한 우리의 애정과 열정을 전달해 주는 것이 대형 교회의 할 일이라고 봅니다. 또 하나는 설교자로서 은사가 없음에도 이미 목회자가 되었기 때문에 그냥 그 길을 계속해서 고집하게 되는 경우도 있습니다. 그런 경우 본인과 교인 모두의 괴로움이며 열매도 없습니다. 이런 분들은 다른 길로 인도해 주는 것이 좋을까요?

옥한흠 • 저는 그렇지 않다고 생각합니다. 사실 신학교 안에서 설교를 잘하는 사람은 100명 중 10명밖에 안 되는 것이 현실입니다. 그러니 나머지 90퍼센트는 훈련을 잘 시키고 양육해야 합니다. 왜냐하면 설교는 인격이기 때문이죠. 인격은 제각기 모두 다릅니다. 그러니 자기 인격을 살려서 자기 스타일대로 해야 하는 겁니다.

일단 은사가 없다고 생각하는 90퍼센트에게 설교의 가능성을 심어 줄 수 있는 여지는 아직도 많이 남아 있다고 봅니다. 그들을 어느 수준까지 올려 주면 그 수준에서 500명을 교인으로 한평생 목회하며 살 수도 있고 200명을 교인으로 삼아 평생 씨름하며 살 수 도 있는 것이죠. 그런데 그 수준까지 키워 주는 무언가가 없어요. 그러니 작은 교회 목회자들이 항상 고민합니다. "왜 나는 설교를 이렇게 못할까?" 다른 이들 설교를 그대로 옮겨 설교하기도 하고 여러 가지 노력을 하다가 자포자기하게 됩니다. 그러니 이들을 위해 무엇인가를 해 줄 수 있는, 희생적인 무엇인가가 있으면 좋겠다고 봅니다.

하용조 • 이제 화제를 조금 바꿔서 한국 교회와 성도에 있어서 소금의 역할을 살핀다면 어떤 부분이 강조되어야 한다고 보시는지요?
홍정길 목사님은 핸디캡을 가진 이들, 소외된 계층에 대해서 특별한 애정을 가지고 목회를 해 왔습니다. 옥한흠 목사님은 복지관 운영 등을 통해 다방면에 걸쳐 사회적 약자를 돌아보는 사역을 해 오셨고, '아름다운 땅'과 같은 커피숍을 향락의 거리에 심어 건강한 쉼의 문화를 일구는 일도 하고 계십니다. 이동원 목사님은 오래 전부터 가정에 대한 애정을 가지고 도시 산업 사회에서 발생하는 가정의 문제점들을 치유하는 사역을 해 오셨습니다. 사회적인 관계에서 교회가 한걸음 더 나아가 섬겨야 할 점은 무엇이겠습니까?

이동원 • 저는 아까 하 목사님이 언급한《평신도의 해방》에서 폴 스티븐스가 지적하듯이 '평신도의 훈련과 해방의 균형'이 답이라고 생각합니다. 지나치게 평신도의 해방만 강조하면 사회 속에 흩어놓는 결과가 되고 그러면 무력한 평신도들은 결국 세상에 동화되고 세속화될 수밖에 없습니다. 또 훈련을 지나치게 강조하고 그들을 놓아 줄 용의가 없다면 교회당이라는 울타리 안에 평신도를 계속 가둬 놓는 것이 되죠.
우리가 월요일부터 토요일까지 교회에 매일 출석하는 이들을 '훌륭한 집사님, 평신도, 장로님'이라고 생각하게 되면 한국의 역사나 사회는 결국 영원한 진공 상태로 남아 있게 되고, 한국 교회는 사회의 소금이 될 수 없습니다.
그리스도인 정치가, 법조인, 실업가, 교육가가 각계각층에서 소금이 되고 빛이 되려면 교회에서 그러한 이들을 훈련시켜야 하고, 그렇게 되려면 어떤 면에서 교회 자체의 기득권을 양보 또는 포기하고 그들이 사회 속에서 소금으로 살아가도록 도와야 합니다. 훈련된 군인을 전쟁터에 내보내는 것처럼 훈련을 시켰으면 더 많은 시간을 세상 속에서 헌신하도록 보내 주는 결단을 교회가 해야 합니다.

평신도의 해방과 훈련에 균형을 잡는 것 자체가 쉬운 일은 아닙니다. 그러나 한국 교회는 이것을 고민하면서 이 방향으로 가야 할 것입니다. 그렇게 하지 않으면 한국 교회가 21세기에 세상의 소금이 되기는 어려울 것이라 생각을 합니다. 그래서 저희 교회에서도 평신도 전문인선교대학을 선교단체가 아닌 교회에서 감당해 나가는 방법을 계속 고민하고 있습니다.

홍정길 • 저는 최근에 머리카락이 잘려 힘을 잃은 삼손처럼 무력해진 한국 교회의 현실을 실감한 일이 있습니다. 일전에 기독교 학교에서 지은 이화여대 병원에서 환자들을 위해 붕대 감는 일을 맡을 봉사자를 구하는 것을 보고 저희 교회에서 신청한 적이 있습니다. 그런데 그곳에서 하는 말이 개신교인은 안 받는다는 겁니다. 개신교 사람은 믿을 수 없다고요. 기가 막힌 일입니다. 이것이 일하는 이들이 개신교인을 바라보는 시선입니다.

또 얼마 전 강남구에 위치한 복지관을 장애인 사역 기관인 밀알이 위탁받았습니다. 그때 강남구청 복지과장이 제 앞에서 이런 말을 해요. "개신교가 맡았다고 해서 가슴이 철렁했습니다. 개신교 기관 중에 복지를 제대로 하는 곳이 없어요."

그런데 그 자리에서 제가 아니라고 할 수 없었어요. 그리고 그가 말하기를 "가톨릭은 잘 합니다" 하는 겁니다. 사회가 한국 교회에게 무엇을 요구하는 지를 보여 주는 일면이라고 생각합니다.

이제 한국 교회가 이전보다 많이 컸습니다. 그리고 일제 때나 과거에 비해 더 좋은 환경에 있어요. 그러나 교회는 제대로 구실을 못하고 있으니 이것이 바로 멸시받는 '머리칼 잘린 삼손이요 눈 빠진 삼손'이지요. 이런 조롱을 받는 현실 속에서도 가능성은 있습니다. 그중 한 가지는 한동대학교입니다. 4년밖에 안 된 이 학교를 한국의 많은 대학이 표본으로 삼으려고 해요. 그러니 거듭난 그리스도인들이 모이면 빛이 됩니다. 세상이 어두울 때는 조금이라도 노력하면 빛이 됩니다. 이 운동을 우리 그리스도인들이 자각하면 소금과 빛의 역할을 할 수 있게 됩니다.

옥한흠 • 한 가지 더하고 싶은 것은 자유주의 신학의 배경을 가진 교회는 지나친 감이 있어 문제지만, 우리 한국 교회의 80퍼센트를 차지하는 소위 복음주의나 보수주의 교회들은 사회에 대한 책임감이 없어요. 그 주된 요인은 이원론입니다. 사람들이 사회에 대한 책임을 느끼지 못하고 오직 구원에 대한 생각뿐입니다. 사회에 대한 책임이라는 십자가를 지려고 하지 않고 가급적이면 피하려고만 생각합니다. 젊은이들에게도 주의 일을 하기 위해서는 신학교에 가라고 하지, 사회의 곳곳에서 중요한 그리스도인의 역할을 하라고 가르치지 않아요. 이것이 아무것도 아닌 듯해도 앉아서 듣는 평신도들에게는 엄청난 영향을 줍니다.

비겁하고 비성경적으로 보이기도 하는 이 태도를 고치려면 지도자들의 신학부터 고쳐야 합니다. 이원론적인 생각들은 없어져야 합니다.

전 세계가 하나님 나라인데, 이런 신학적인 문제를 철저히 가르치고 의식을 바꿔야지요. 몇 가지 자선 사업 하는 것만을 가지고 교회가 세상의 소금 역할을 한다고는 할 수 없습니다. 다수가 움직여야지 소수가 움직여서는 안 됩니다.

하용조 • 한 가지 덧붙이자면 우리 목회자들 사이에 연합의 운동이 서서히 일어나고 있지 않습니까? 저는 바람직한 운동이라고 생각합니다. 동시에 우리 목회자들이 평신도들에게도 교단을 초월한 복음적인 시각에서의 연합의 힘에 대한 문을 좀 더 열어 주어야 합니다. 이원론을 배제하고 각 교회의 특성을 살려서 한국 사회와 교회에 많은 영향을 줄 수 있어야 할 것입니다. 모든 교회가 다 똑같이 할 수는 없으니까요. 그리고 나아가서 궁극적으로는 통일을 준비하는 모습으로 교회가 자화상을 찾아야 하리라고 생각합니다. 감사합니다.

신학자인 목회자,
목회자인 신학자가 필요합니다

1999년 〈목회와 신학〉 9월호 존 스토트 목사와 특별 대담

하용조 • 이번에 IVF세계총회를 위해 한국에 오신 것을 환영합니다. 먼저, 목회적인 질문에 앞서 목사님께서 최근 '새'에 관한 책을 출간하셨습니다. 그 정도로 새에 대한 특별한 조예를 갖게 된 동기가 무엇인지 말씀해 주십시오.

존 스토트 • 새에 대한 주제로 이야기를 시작하기 전에 한 가지 말씀드릴 것이 있습니다. 즉 자연의 역사에 관해 모든 기독교인들이 가져야 할 관심에 대한 부분입니다. 17세기에 베이컨이라는 철학자가 있었습니다. 그가 말하기를 하나님께서는 책을 한 권만 쓰신 것이 아니라 두 권을 쓰셨다고 했습니다.

하나는 자신이 하신 일에 관한 책으로, 자연에 관한 책이라는 거죠. 즉 창조 질서에 대한 책 말입니다. 다른 하나는 말씀에 대한 책인데, 그게 바로 성경이라고 합니다. 따라서 '자연'과 '말씀' 이 두 가지가 하나님의 동일한 계시라는 겁니다.

자연은 하나님의 영광을 계시하는 것 혹은 선포하는 것이며, 성경은 하나님의 은혜, 즉 예수 그리스도를 통한 구원에 대한 계시를 나타내는 겁니다. 그래서 우리는 이 두 가지 계시를 모두 공부함으로써 하나님이 생각하신 바를 따라갈 수 있는 것이지요. 다시 말해 성경을 공부하는 것과 자연을 공부하는 것은 병행되어야 합니다. 과학과 신학은 평행 관계이지요. 자연을 통한 하나님의 계시를 과학적으로 연구하는 것이 과학이고, 성경에 하나님이 어떻게 나타나는가를 연구하는 것이 신학입니다. 따라서 신학과 성경과의 관계는 과학과 자연과의 관계인 것이죠. 저는 복음주의자들이 구원 사역과 창조에 대해 올바른 교리를 갖는 것이 중요하다고 생각합니다. 그러기 위해서는 창조자로서의 하나님에 대한 분명한 이해가 필요합니다.

제가 야조 관찰(bird watching)을 시작한 것은 아버지의 영향이 아주 큽니다. 아버지는 의사였는데, 다른 의사들과 마찬가지로 자연과학과 자연의 역사에 대단히 관심이 많으셨지요. 특히 자연과학 분야 가운데서 식물에 관심이 많으셨어요. 식물학자라고 할 수 있을 정도였으니까요. 아마추어 식물학자 말입니다.

제가 아주 어렸을 때, 여름방학이 되면 아버님은 저를 시골에 데리고 가셔서 산책을 즐기곤 하셨어요. 제가 다섯 살 정도 되었을 때, 아버님께서는 이렇게 말씀하신 적이 있으십니다. "가장 중요한 것은 입은 닫고, 눈과 귀는 열어 놓는 것이란다. 말하지도 말아라. 보고 듣는 것이 가장 중요하단다."

그 당시 제가 특별히 좋아했던 것은 나비 관찰이었습니다. 나비를 많이 수집하였지요. 이 점에 있어서는 제 여동생마저 경쟁자로 생각되었지요. 그런데 어느 날 제 동생이 쿠션을 집어서 제 나비 수집 상자에 던졌습니다. 저는 참을 수가 없었지요. 제가 모았던 나비들의 모양이 다 망가져 버렸으니까요. 그 다음부터 저는 도저히 나비들을 바라볼 수가 없었습니다. 그 뒤로 새를 관찰하는 것으로 취미를 바꿨습니다. 사람들은 제가 망원경을 가지고 세상을 돌아다니는 것을 특이하게 생각하고 있습니다. 그러나 제가 나비를 잡기 위해 망과 병을 들고 다니는 것을 상상해 보세요. 더 웃기는 모습이 아닐까요.

저는 여섯 살 때부터 야조 관찰을 시작했고 그 이후로 계속해서 새를 관찰하고 있습니다. 새를 관찰하는 것은 아주 좋은 취미이지요. 여행을 하면서 새를 보는 것이 좋습니다. 왜냐하면 새는 어느 곳에나 다 있기 때문이에요. 북극과 남극에도 새는 있고, 열대 지역이나, 우림 지역, 그리고 사막에도 새는 있습니다. 세상에는 9,000여 종의 새가 있는데 저는 2,560여 종의 새를 관찰했습니다. 자연과학 분야의 조류학을 저는 '새의 신학'으로 부르고 있습니다. 이것은 '조류학'과 '신학'을 합친 말이지요. 그래서 저는 이번에 출간된 저의 책 《새 우리들의 선생님》(The Birds Our Teacher)의 부제도 '새의 신학'이라고 부르고 있습니다. 그 책에서 저는 새를 관찰하면서 느꼈던 성경적 교훈과 묵상했던 내용들을 담았습니다. 그리고 30년 동안 모은 사진들을 소개했습니다. 물론 여기에는 한국에서 찍은 사진들도 있습니다. 이 책은 새에 관한 저의 처음이자 마지막 책이지요.

하용조 • 한국에는 비무장지대라는 곳이 있는데, 생태계가 세계에서 가장 잘 보호된 곳이라고 합니다. 이곳에 대한 생태계적 가치는 어느 정도일까요? 또한 이 세상에 유일하게 남아 있는 분단국가로서 이에 대한 한국 교회의 역할을 무엇이라고 생각하십니까?

존 스토트 • 저도 그곳에 가서 철조망을 붙잡고 기도를 한 적이 있었습니다. 개인적으로 모든 나라가 조류 보호 구역을 마련해야 한다고 생각합니다. 새들이 방해 받지 않고 보호를 받을 수 있는 곳이 필요하지요. 영국에도 조류 보호를 위한 '로열 소사이어티'(Royal Society)라는 단체가 있는데, 환경적 책임에 대한 의식을 일깨우는 일을 하고 있지요. 사실, 우리 모두가 조류를 보호해야 하고 그 가운데 하나도 잃어서는 안됩니다.

그리고 제가 한국의 정치적인 문제에 대한 특별한 지식이 있는 것은 아니지만, 크리스천들은 화해를 믿는 자들이기 때문에, 이에 대한 관점에서 말씀을 드리지요. 화해는 성경이 말하는 복음의 핵심입니다. 그렇기에 우리는 한국의 화해를 위해 기도해야 합니다. 그리고 우리가 할 수 있는 범위 안에서 화해에 관련된 모든 것을 시도해야 합니다. 그것을 위한 실질적이고 정치적인 예민한 부분은 제가 영국 시민이기 때문에 무엇이라고 말씀드릴 수는 없지만 말이에요.

하용조 • 목사님께서는 아프리카의 식량난에 도움을 주고자 후원금을 모집하는 걸로 알고 있는데요, 혹시 북한의 기아를 위해서 한국 교회가 할 수 있는 일이 있을까요?

존 스토트 • 실제적으로 북한의 동포들에게 무엇인가를 보낼 수 있는 일이 가능하다면 한국 교회야말로 당연히 그 일을 해야 한다고 봅니다. 크리스천들은 도움을 주는 일에 제한을 두어서는 안 됩니다. 비록 북한이 공산 국가라 하더라도 굶주리고 배고픈 자들을 도와주는 일에 대해 제한이 있어서는 안 됩니다.

하용조 • 다음으로는 목사님의 목회 철학에 대해 관심이 있습니다. 저는 목사님을 1981년도 런던에 있는 올 소울즈 교회(All Souls Church)에서 처음 뵈었습니다. 1년 정도 그 교회를 다니면서 목사님의 목회에 감동을 받았습니다. 목사님은 목회를 굉장히 즐기시는 것 같았지요. 목사님은 신학자라기보다는 목회자라고 부르고 싶었습니다. 목사님의 목회 철학이 무엇인지 말씀을 부탁드립니다.

존 스토트 • 목회자와 신학자를 구분하는 것은 좀 부담스럽습니다. 제가 생각하기에 당연히 모든 목회자는 신학자이며, 신학자는 당연히 목회자여야 합니다. 따라서 우리에게는 좀 더 신학자다운 목회자들이 많이 필요하고, 좀 더 목회자다운 신학자들이 많이 있어야 합니다. 신학과 목회가 같이 가야 하는 거죠.

저는 안수 받은 목회자에게는 두 가지 모델이 있다고 봅니다. 하나는 제사장적(priestly)인 모델이고 다른 하나는 목회적(pastoral) 모델이죠. 제사장적 모델은 가톨릭에서 찾아볼 수 있고, 목회적 모델은 개신교에서 찾아볼 수 있습니다. 그리고 이 두 가지는 서로 병립하여 존재할 수 없습니다. 왜냐하면 이 둘의 목회 방향이 상이하기 때문입니다. 환언하자면, 목회적 기능에 대한 그 둘의 방향들이 서로 상반된다는 것입니다. 왜냐하면 제사장은 제물을 하나님께 드리는 자이지만, 목회자는 애정을 갖고 사람들을 돌보는 자이기 때문입니다. 그러므로 그들이 바라보는 방향의 위치가 완전히 반대인 셈이지요.

로마 가톨릭 교회와 개신교의 차이점 가운데 가장 근본적인 한 가지는 목회(ministry)에 대한 이해의 차이입니다. 여기에 대해서 조금 더 얘기하자면, 신약성경에는 목회자를 제사장으로 부른 적이 없습니다. 제사장에 대한 헬라어 '아르키에레우스'의 의미는 '제물을 바치는 제사장'이며, 그 단어는 신약에서 세 종류의 사람을 나타내는 데 사용되었지요. 첫째는 구약의 제사장을 언급하기 위하여 사용되었고, 둘째는 십자가 사역을 담당하신 예수 그리스도를 대제사장으로 표현할 때 사용되었고, 셋째는 베드로전서 2장 5절에서 하나님의 백성인 성도들을 나타낼 때 사용되었습니다. 교회는 하나님의 거룩한 제사장이라는 뜻으로 말입니다. 그러므로 모든 교회는 제사장적 공동체라고 할 수 있고, 제사를 드린다는 것은 하나님을 경배하는 것이지요. 따라서 성도들이 드리지 못하는 제사를 목회자가 드리는 제사란 있을 수 없는 일입니다. 따라서 목회자만을 제사장으로 표현할 수는 없습니다.

제가 알기로 성공회(Englican Church)에서는 감독(bishop)을 제사장으로 명명하기도 합니다. 그러나 저는 50년 동안 한 번도 그렇게 하지 않았습니다. 그것은 근본적으로 잘못되었기 때문입니다. 하지만 왜 16세기의 성공회 개혁자들이 그 단어를 지속적으로 사용하였느냐 하는 데는 이유가 있습니다. 그것은 영어의 제사장(priest)이란 단어가 장로교인(presbyterian)의 단축형이기 때문입니다. 즉 영어에서 '제사장'(priest)은 '장로'(presbyter)를 의미합니다. 그러므로 개혁자들에게 있어서 제사장(priest)이란 단어는 사람들을 대신하여 제물을 드리는 의미로 이해되었던 것이 아닙니다. 오히려 장로(presbyter)라는 의미로 사용되었던 것이지요.

그러나 영어의 제사장이란 단어와 장로라는 단어가 동일하다 할지라도 저는 제사장이란 단어를 절대로 사용하지 않습니다. 왜냐하면 제사장이라는 단어를 사용하면서 장로의 의미를 생각한다는 것이 어렵기 때문이지요. 그러므로 우리는 인디아의 남북부 지방과 파키스탄에 있는 교회의 지혜를 따라야 한다고 생각합니다. 이 세 교회는 연합교회인데, 감독(bishop)과 장로(presbyter)와 집사(deacon)로 구성되어 있지요. 제 생각으로는 우리 성공회에서도 이 제도를 재발견해야 한다고 봅니다.

하용조 • 이번에는 평신도 사역에 대한 문제를 질문하고 싶습니다. 목회자와 평신도가 이분화되는가, 아니면 모든 교인들은 모두 사역자인가의 문제에 대해서 말입니다. 제 개인적으로는 교인들은 모두 사역자라고 생각합니다. 그래서 우리 교회에는 사역위원회가 은사에 따라 100가지가 넘습니다. 그러나 전통적인 교회에는 목회자와 평신도의 구분이 여전히 있는데, 이 문제에 대해 어떻게 생각하시는지요.

존 스토트 • 목회(ministry)라는 말이 일반적으로 사용되는 말이지요. 그래서 모든 신자들은 어떤 의미에서 사역자라로 할 수 있습니다. 왜냐하면 우리는 예수님을 따르는 자들이고 예수님께서는 자신을 목회자(minister)로 부르셨기 때문이지요.

예수님은 자신의 목숨을 주시기까지 우리를 섬기러 오신 분이기 때문에 우리도 다른 사람들을 섬겨야만 합니다. 예수님께서 종이라면 우리도 종이니까요.

그러나 종의 사역은 아주 다양하다고 생각합니다. 제가 생각하기에, 목자에게는 평신도가 할 수 없는 특별한 임무, 즉 목회자의 임무가 있지요. 저는 그것을 '가르치는 사역'이라고 생각합니다. 물론 평신도 교사들도 주일학교나 성경학교에서 가르칠 수 있습니다. 교회에서 가르쳐지고 있는 '내용'에 대한 책임은 목회자에게 있습니다. 이에 대한 성경적 배경을 말씀드리자면, 여기에는 두 가지 면이 있습니다. 첫째는 목회자의 책임은 양을 돌보는 것과 이에 우선되어야 하는 것, 즉 양들을 먹이는 것입니다. 여기서 양을 먹인다는 것이 가르침을 의미하지요. 둘째는 디모데전서 3장에 있는 내용으로, 바울은 여기서 목회자에 대한 10가지 자격을 제시하고 있습니다. 이 10가지 자격은 목회자가 갖춰야 할 덕목입니다. 이 가운데 9가지는 도덕적이고 영적인 사항들이지요. 자기 절제, 가정을 잘 다스리는 것, 술 취하지 않는 것, 돈에 대한 욕심이 없는 것 등 열 가지 중에 9가지가 도덕적이고 영적인 겁니다. 그런데 이 가운데 한 가지 사항은 목회자의 전문적인 측면을 나타내지요. 그것은 바로 가르침, 즉 가르치는 은사를 말합니다. 그러므로 목회자가 되려고 자원하는 사람들에게는 반드시 가르치는 은사가 있어야 합니다. 그래야 '선생'이라고 불릴 수 있습니다. 따라서 우리는 목회자의 주된 역할이 지역 교회의 가르침을 총감독하는 것이라고 주저 없이 이야기해야 합니다.

하용조 • 이제까지 목사님께서 목회자와 평신도 사역에 대해 말씀해 주셨는데요, 교회의 미래는 젊은이들을 교회 사역에 어떻게 활용하느냐에 달려 있다고 봅니다. 현재 젊은이들이 교회를 많이 빠져나가고 있습니다. 영국도 그렇다고 보는데, 평생 동안 젊은이 사역에 힘써 오시면서 젊은이들을 교회로 끌어들일 수 있는 방법이 무엇인지에 대해 말씀해 주십시오.

존 스토트 • 그것에 대한 쉬운 해답은 없다고 봅니다. 저도 이 문제에 대해 다른 사람들이 고민하는 것만큼이나 많은 고민을 했습니다. 제가 알고 있는 교회 가운데 영국에서 여전히 젊은이들을 붙잡고 있는 교회들이 있습니다. 그 교회의 사역 가운데 가장 중심된 것은 젊은이들에게 책임감과 중요한 역할을 부여한다는 겁니다. 가령 커피숍에서 전도를 한다든지,

음악을 연주한다든지, 노인들을 보살피는 것 등 그들에게 책임감을 느끼게 해 주는 일들을 하는 겁니다. 그런 방법을 통해 우리는 젊은이들을 신뢰할 수 있게 되지요.

물론 이제 저는 더 이상 올 소울즈 교회의 담임목사가 아닙니다. 25년 전에 은퇴를 했기 때문에 최근의 경험을 말씀드릴 수는 없습니다. 그러나 제가 담임목사로 있었을 때의 경험을 말씀드리면, 그때 우리 교회에는 매년 진행되는 훈련 프로그램이 있었습니다. 그 프로그램의 초점은 복음과 크리스천 일꾼의 자격에 있었지요. 그것은 12주 동안 진행된 프로그램이었고 학기가 끝날 즈음에는 서술 시험을 보았습니다. 그리고 그 시험을 통과한 사람들에게 교회에서 '위임 일꾼'(commissioned worker)이라는 자격증을 주었습니다. 이 '위임 일꾼'에게는 각각 특수한 임무가 주어졌는데, 복음적인 카운셀러의 역할, 심방, 노인들을 도와주는 일, 주일학교 교사, 성경공부 리더 등 여러 가지 특권들이 주어졌지요. 그리고 그 일을 하기 위해서는 '위임 일꾼'이 되기 위한 12주간의 훈련을 받아야만 했지요. 그것은 교회에 많은 유익을 주었습니다.

하용조 • 다음으로는 교회가 어떻게 현대 이슈들을 다루어야 하는가에 초점을 두었으면 합니다. 목사님께서는 런던 인스티튜트(런던현대기독교연구소)를 만들어 현대 이슈들을 다루고 있는 걸로 알고 있습니다. 예를 들면 마약이라든지, 현대의 많은 문제들을 다루시면서 성경적인 답변들을 해 주셨는데, 지금도 런던 인스티튜트에서 그런 문제들을 계속 다루는지요. 그리고 한국의 교회들이 이제는 구원의 문제인 어떻게 믿을 것인가(how to believe)가 아니라, 어떻게 살아야 하는가(how to live)의 문제를 다루어야 할 것 같은데, 여기에 대한 목사님의 견해는 어떠신지요.

존 스토트 • 우선, 저는 어떻게 믿을 것인가(how to believe), 혹은 무엇을 믿을 것인가(what to believe)의 문제가 어떻게 살아야 하는가(how to live)의 문제와 다르지 않다고 생각합니다. 왜냐하면 제가 살아가는 방식은 제가 무엇을 믿고 있느냐에 많이 의존하기 때문입니다. 믿음과 삶은 서로 매우 근접해 있는 것이지요. 아마 목사님께서도 《현대 사회 문제와 그리스도인의 책임》(*Issues Facing Christians Today*)이라는 책을 아시겠지만, 이 책은 인종 문제, 낙태, 이혼, 동성애 등을 다루고 있습니다. 이 책은 실제 교회에서 했던 설교들입니다. 저는 교회마다 경우에 따라 약 4주에 한 번 정도 이와 같은 현대 이슈들을 설교하는 것이 좋다고 생각합니다. 비록 목회자들이 집에서 해야 할 숙제가 많아질 테지만 말이죠.

저는 이슈들에 대한 설교를 하기 전에 약 12명의 사람들과 그룹 토의를 합니다. 예를 들어 '노동과 실직자'의 문제를 다룬다고 생각해 봅시다. 저는 노동에 대한 기독교적 철학이 무엇인지를 그들보다 잘 알고 있습니다. 그러나 그들은 저보다 실직에 대해서 더 많이 알고 있습니다. 즉 실직의 원인이 무엇이며, 그 문제점이 무엇인지를 훨씬 더 알고 있는 것이죠. 그래서 우리는 서로에게 필요한 사람들입니다. 그 그룹에는 고용주가 두 명, 실직자가 두 명, 노동조합원들이 있었지요. 저는 그들에게 질문을 던지고 그들의 답변을 듣고 토론했습니다. 그것은 굉장히 큰 도움을 주었습니다. 성경의 가르침을 현실에 접목시킬 수 있도록 도왔습니다. 그리고 여기서 했던 설교를 나중에 런던 인스티튜트에서 강의했고 책으로 출간되었지요.

하용조 • 저도 런던 인스티튜트에서 다루었던 현대 이슈들에 대해 상당한 흥미가 있습니다.

존 스토트 • 이제 그 이슈들이 증가해서 제3판이 나오게 되었지요. 1984년에 처음 출간되었고 1990년에 제2판이, 그리고

1999년에 제3판이 나오게 되었지요. 그것이 한국말로 번역이 되었는지는 잘 모르겠군요.

하용조 • 오늘의 복음주의 기독교가 어떤 모습으로 다시 변신해야 할까요? 지금까지는 20세기의 모습으로 복음주의가 역할을 해 왔는데, 스펄전도 있었고 빌리 그레이엄도 있었습니다.

존 스토트 • 먼저 설교가 바뀌어야 합니다. 우리는 성경을 자세히 강해하는 것만큼 그것을 적용시키지 못합니다. 저는 설교를 다리 놓는 작업이라고 생각합니다. 이것을 한번 상상해 보면 어떨까요.

평평한 땅이 있는데 그 사이에 깊은 골이 파인 그림을 말입니다. 그림의 한쪽은 성경의 세계, 다른 한쪽은 현대 사회를 나타내고 있다고 생각해 봅시다. 그 둘 사이에는 2000년이라는 간격이 있으며 문화의 변화가 있지요. 물론 복음주의자들은 이쪽의 성경적 문화에 살면서 성경을 사랑하고 성경 연구를 하고 있지만, 현대 사회에 대해 너무 무지합니다. 우리는 설교를 성경에서만 하려고 하지, 그 밖의 다른 영역에 대해서는 좀처럼 다루려 하지 않습니다. 한 쪽으로 치우쳐서 다른 한

쪽으로 전혀 가려고 하지 않는 것이죠.

자유주의자들은 이와 반대되는 실수를 저질렀습니다. 그들은 현대 사회에 살고 있고, 현대 사회를 잘 이해하고 있지만, 성경적인 가르침이 무엇인지를 놓쳤습니다. 따라서 그들은 반대 방향으로 치우치게 되었습니다. 그들의 설교는 현대 사회, 즉 현대 철학, 현대 심리학, 현대 남성·여성 문제 등에만 치중되어 있지요. 그것은 바로 오늘날 사람들이 그들의 말을 듣는 이유가 됩니다. 사람들은 현대 사회에 대한 그들의 견해에 귀를 기울이지요.

그러므로 복음주의자들과 자유주의자들은 서로 다른 방향에 귀를 기울이는 것이 중요합니다. 성경만을 다루어서는 안 됩니다. 제가 제시했던 그림에서 우리는 현대 사회와 현대 교회의 문제점을 볼 수 있습니다. 복음주의자들은 성경적이지만 현대적이지 않고, 자유주의자들은 현대적이지만 성경적이지 않다는 겁니다. 그러므로 누군가는 그 둘 사이에 다리 놓는 작업을 해야 합니다. 그래서 성경과 현대 사회를 서로 연결시켜야 하지요. 심지어 21세기에 사는 사람들에게도 이것은 도전으로 남을 것입니다.

하용조 • 목사님께서 수많은 책을 읽고, 수많은 책을 쓰셨습니다. 평신도에게 소개해 주고 싶은 책과 목회자에게 소개해 주고 싶은 책을 각각 말씀해 주십시오.

존 스토트 • 먼저 목회자들에게 추천해 주고 싶은 책은《존 스토트 설교론》(I Believe in Preaching)과《현대 교회와 설교》(Between Two Worlds)입니다. 이 책들은 설교에 관한 것으로, 목회자들에게 도움이 될 거라고 생각합니다. 또 다른 책은 리처드 백스터의《참된 목자》(The Reformed Paster)입니다. 이 책은 오래된 고전이지요.
평신도들에게는《그리스도의 십자가》(Cross of Christ)를 소개하고 싶습니다. 십자가야말로 크리스천들의 삶의 중심이 된다고 생각하기 때문입니다. 다른 책 한 권을 더 추천한다면 J. C. 라일이 쓴《거룩》(Holiness)이라는 책입니다. 이 책은 평신도들의 거룩성을 아주 잘 묘사한 책이지요. 또 다른 책은 제임스 패커의《하나님을 아는 지식》(Knowing God)입니다. 이 책은 20세기의 고전이지요. 저는 이 책을 읽는 도중 갑자기 멈추어서 하나님을 경배한 적이 있습니다. 그는 또 나의 절친한 친구이기도 하지요.

하용조 • 이 질문이 마지막 질문이 될 것 같습니다. 목사님의 연세가 79세가 되는 걸로 알고 있는데, 앞으로 이 땅에 사는 동안 목사님께서 하실 역할은 무엇이라고 생각하시는지요.

존 스토트 • 하나님께서 저에게 힘을 주시는 동안, 또한 시간과 건강을 주시는 동안, 여태까지 제가 했던 일들을 계속하고 싶습니다. 지금까지 하던 일들을 갑자기 멈춰야 할 이유가 없으니까요. 제 몸의 건강과 지적인 능력이 남아 있는 한 저는 이 일을 계속할 겁니다. 에너지가 떨어지면 그땐 물론 멈춰야 하겠지요. 지금 저는 의식과 힘이 점점 떨어지고 있는 것을 느끼고 있습니다. 하나님께서 저에게 여든 번째 생일을 맞게 하실지 잘 모르겠습니다. 그러나 사람들이 저의 방문을 원하고 글을 쓰기 원한다면 저는 그 일을 계속할 겁니다. 제가 그 일을 할 수 있는 힘이 남아 있는 한 말이지요.

공동체성이 회복되면
한국 교회는 살아납니다

1999년 〈빛과소금〉 12월호 대천덕 신부, 주선애 교수와 특집 좌담

하용조 • 곧 새 천년의 시작인 2000년입니다. 지난 30년간 한국 교회는 많은 성장을 거듭했습니다. 그러나 이상하게도 세상이 변화되는 데 큰 영향을 주지 못했습니다. 한국 교회가 사도행전적 공동체로 회복된다면 주님 오실 때까지 희망이 있다고 생각합니다. 대천덕 신부님께서는 오랫동안 공동체를 해 오셨는데 관심을 갖게 된 동기와 예수원에 대해 말씀해 주십시오.

대천덕 • 제가 태백에서 공동체를 시작한 이유는 도시를 싫어하기 때문입니다. 공동체에 관심을 갖게 된 것은 미니애폴리스의 공동체를 방문하며 한국 교회의 역사를 사진으로 보았을 때였습니다. 막연히 한국에서 공동체를 하면 좋지 않겠나 생각했지요.

그런데 하나님의 인도하심은 뜻밖의 장소에서 있었습니다. 제가 한국의 미가엘신학교에서 교수로 있을 때 주교님과 회의 차 미국에 간 적이 있었습니다. 그때 하나님께서 제게 사표를 내게 하셨습니다. "주여 7년이나 제가 물어 보지 않았습니까? 그동안 대답하지 않으셨습니다. 아내와 아이들이 모두 한국에 있는데 그들과 의논해야 되지 않습니까? 아내와 의논하지 말라는 법이 어디 있습니까?"

그러나 주님께서는 학교 문제, 돈 문제는 해결해 줄 테니 사표를 내라고 다시 말씀하셨습니다. 그래서 신학교에 사표를 내고 먼저 한국 교회와 나라와 세계를 위해 중보기도할 사람을 찾았습니다. 같이 기도할 사람이 생기면 좋고 없어도 우리 가족만이라도 한다라는 각오로 시작했습니다. 그렇게 집을 짓고 농사를 지었는데 지금은 가족이 37명으로 늘었습니다.

하용조 • 주선애 교수님은 언제부터 공동체에 관심을 가지셨는지요?

주선애 • 저는 공동체보다는 먼저 하나님 앞에 예배드릴 장소가 필요하다고 생각했습니다. 한국 교회의 목회자들과 신학생들이 조용히 하나님과 만날 수 있는 장소가 필요하다고 생각했지요. 신학교에 있으면서 학생들이 데모를 너무 많이 할 때는 마음이 아프고 그렇게 졸업을 한다는 게 너무 안타까웠습니다. 그래서 장소를 찾아 나선 것이지요. 그러던 중 역사 속 수도원 운동을 알게 되어 '이거다!' 했어요. 개신교의 수도원을 생각하게 되었고 하나님께 기도하면서 같이 할 수 있는 사람, 공동생활을 할 수 있는 사람을 구했어요. 그것이 은성수도원이에요.

6개월 후, 크리스마스 다음날 어느 목사님이 찾아오셨어요. 그렇게 시작을 했는데 지금은 8명이 되었어요. 목사님 가족과 그 외 식구들까지요. 기도하고 봉사하고 노동하면서 자연스럽게 형성이 되었죠. 새벽기도하고 중보기도하고 한 주일에 한 번 예배드리고 식사 시간에도 침묵 식사를 하고 있어요. 조그맣지만 영적으로 깊이 있게 사랑하고 봉사하는 진정한 공동체가 되었으면 해요. 우리는 3가지 기능을 하는 거죠. 신학생 훈련(장신대 경건 훈련), 손님을 대접하는 봉사 공동체, 같이 기도하고 의논하는 선교 공동체로요.

하용조 • 제가 공동체에 관심을 갖게 된 동기는 조금 다릅니다. 14년 전에 교회를 개척했는데 교회가 커지면서 '과연 교회가 뭘까?' 하는 생각을 자주하게 되었습니다. 예수님이 원하는 교회, 사도행전의 교회의 모습을 고민했습니다. 사실 처음부터 대형 교회 목회를 하고 싶어서 그렇게 된 사람은 없다고 봅니다. 예배드리러 온 사람을 돌려보낼 수는 없고, 그러면서 커지지요. 초대 교회 당시에도 3천 명, 5천 명이 모이는 대형 교회가 있었지 않습니까? 지금으로 말하면 5만 명, 10만 명의 교회일 겁니다. 그러나 교회의 크고 작음이 문제가 아니고 교회가 무엇을 하느냐가 중요하다고 생각합니다. 그래서 제가 관심을 갖게 된 것은 수도원 공동체가 아니고 교회 공동체입니다. 도시 교회가 어떤 공동체의 모습을 가질 때 세상을 변화시킬 수 있을지에 관해 많은 관심을 갖고 있습니다.

대천덕 • 사도행전 5장에서 중요한 점을 발견할 수 있습니다. 집집마다 식사하면서 교제했다는 점입니다. 그것이 바로 영원한 교회죠. 서로 돌봐 주고 가난하거나 병들어서 제 손으로 잘 벌어먹지 못하는 사람이 와서 먹을 수 있는 곳이 바로 교회입니다.

하용조 • 그런 점에서도 교회 공동체의 구역과 소그룹은 무엇보다 중요합니다. 대형 집단을 나눈 소그룹이 아니라 소그룹이 모여서 하나의 몸을 만드는 것이 자연스럽지요. 저는 공동체 안에서 어떻게 하나님 나라, 하나님의 공동체를 이룰 수 있느냐가 중요하다고 생각합니다. 그리고 그 공동체는 산이나 수도원에서뿐 아니라 바로 우리의 생활 속에서 만들어져야 한다고 생각하구요. 무엇보다 21세기, 한국 교회를 변화시킬 수 있는 크리스천들이 있어야 합니다. 그럼에도 불구하고 교회 공동체가 지금 잘못하고 있는 것이 무엇이라고 생각하십니까?

대천덕 • 현대 교회는 모델 하우스와 같습니다. 구경하러 왔다가 둘러보고 집에 가는 것처럼 서로 아무하고도 관계하지 않으려 합니다. 이것이 큰 문제점입니다. 현대 교회에 필요한 것은 대형 교회의 예배보다도 서로 깊이 돌보고 관계하는 소그룹 모임이 강조되어야 합니다.

주선애 • 기독교 교육은 신앙과 생활 교육이 모두 필요한데 한국 교회에는 생활 교육이 없다는 것을 절감했습니다. 공동체를 하다 보면 하나님과의 깊은 교제와 함께 '아, 이게 참기독교 교육이다'라고 느끼게 되는 일이 많습니다. 기도와 나눔도 좋지만 예수님의 겸손을 매일의 생활에서 연습하며 낮아질 때가 정말 좋습니다.

그런데 그것이 어느 날 갑자기는 안 되더군요. 저는 이렇게 삶을 훈련하는 것이 꼭 필요하다고 봅니다. 지금 한국 교회는 삶이 바르지 않기 때문에 영적인 성장이 없습니다. 하나님과의 대화도 안 되고 사람 사이의 대화도 안 되고 있습니다. 기도도 그저 "주시옵소서, 주시옵소서"라고 요청만 하고 '주시겠지 뭐' 하고 생각하는 경향이 있습니다.

대천덕 • 기도는 하나님의 뜻을 구하는 것이 중요합니다. 자기 생각대로 "하나님, 주세요!" 하면 아무것도 주지 않으세요.

주선애 • 저도 신부님처럼 하나님께 묻고 답을 구하는 기도를 조금씩 배워 가면서 한국 교회가 기도하는 것부터 훈련을 받아야 되지 않을까 생각했습니다. 물론 말씀 묵상도 하면서 노력하지만 더 깊은 교제를 하는 훈련과 동시에 어떻게 사느냐를 생각해야 합니다. 사는 것과 기도하는 것이 일치하지 않아서 한국 교회는 지금 너무 부패했잖아요. 그것은 교회가 생활 훈련을 하지 않았기 때문이라고 생각합니다.

하용조 • 그러니까 신부님께서는 가정 교회, 소그룹이 참 중요하다고 하셨고, 주 교수님께서는 생활에 맞는 신앙 훈련이 필요하다고 말씀하신 것이죠?

대천덕 • 저는 한국 교회가 하나님의 말씀을 듣는 것을 훈련하기 바랍니다. 성령 안에서 인도함을 받고 살아야 합니다. 성령론 얘기는 많이 나왔는데 '성령의 인도함'을 받는 얘기는 많이 안 나오고 있습니다. 고린도후서 13장 13절에 성령의 교제가 중요하다는 말이 나오지요. 이 교제는 부부처럼, 형제의 공동 생활처럼 죽을 때까지 책임지는 공동체로서의 깊은 교제를 말합니다.

하용조 • 교회가 지금까지 잘 성장해 왔지만 버릴 게 너무 많다는 말씀을 해 주셨습니다. 말씀하신 대로 다시 공동체가 회복되려면 생활 훈련과 함께 끝까지 책임지는 코이노니아가 필요하지요. 그렇다면 한국 교회가 21세기로 가면서 '제도와 조직'에서 '살아 있는 공동체'로 전환하려면 어떻게 해야 할지 말씀해 주십시오.

대천덕 • 참 어려운 질문이네요. 먼저 강한 사람들이 봉사해야 합니다. 힘 있는 사람들이 구제에 힘쓸 필요가 있습니다. 그것은 특별한 것이 아닙니다. 물론 결단이 필요하긴 하지만요. 집집마다 가난한 사람, 병든 사람, 부모 없는 아이들, 버려진 아이들, 생계가 어려운 사람들, 부양가족이 없는 노인들을 데려다가 같이 사는 것입니다. 교회가 이렇게 하기만 한다면 사회는 깜짝 놀라서 교회를 다시 보게 될 것입니다. 예수님이 누구인지 알게 될 것입니다. 작은 삶의 짐부터 함께 나누어지는 것이 필요합니다.

주선애 • 그렇게 하면 통일도 되겠네요. (웃음) 저는 한국 교회가 하나님과 사람 앞에서 신실해야 된다고 생각해요. 얼마 전 목사님들과 일주일 동안 영성 훈련을 했는데, 기도와 상담을 통해 목사님들은 "그동안 설교를 잘해야 한다는 강박관념과 설교를 위한 성경 읽기로 내 영혼이 얼마나 초라하게 되었는지 깨달았다"라고 하셨습니다. 그리고는 "내가 먼저 은혜를 받는 것이 교인들이 은혜 받는 길이니 겸손하게 하나님 앞에 진실해지자"라고 결론을 내렸습니다.

도산 안창호 선생님께서는 "농담으로라도 거짓말하지 말라. 꿈속에서라도 거짓말하지 말라. 그것도 회개하라"라고 말씀하셨습니다. 거짓말 안하고 살 수 있는 공동체, 만약 습관이 되어서 거짓말을 했다면 하나님 앞에 자복할 수 있는 열려 있는 양심을 가지고 살아가는 그런 풍토가 되어야 해요. 교회 안에 그렇게 삶을 정직하게 나눌 수 있는 셀 그룹이 있으면 참 좋죠.

대천덕 • 거짓말 안하면 직장에서 해고된다고 해도 정직함을 고수해야 합니다. 교회는 교인들이 거짓말하지 못하도록 교육해야 합니다. 그리고 거짓말 못해서 직장에서 쫓겨난 사람이 있다면 그들의 삶도 함께 책임져야 합니다. 그때 예수님을 믿지 않는 훌륭하고 똑똑한 사람들도 변합니다. 거짓말하지 않고 뇌물을 주지 않을 때 업자들도 다시 깊이 생각할 거예요.

하용조 • 요즘 성경적인 교회, 예수님이 원하는 교회, 사도행전의 교회로 돌아가자는 운동이 바로 무소유, 청빈과 깊은 관계가 있습니다. 전통적인 가치가 무시당하고 있는 지금, 우리는 한 영혼의 소중함과 가난한 자와 고아와 과부를 긍휼히 여기는 마음을 회복해야 됩니다. 이러한 생각을 가질 때 조금씩 교회의 공동체적 원형에 접근할 수 있지 않을까요?

주선애 • 거기에 덧붙여서 중요한 것은 단순한 삶을 연습하는 겁니다. 그것 없이는 가난한 사람을 도울 수가 없습니다. 그리고 검소하게 사는 사람일수록 존경받는 가치관이 교회 안에 확립되어야 합니다. 그러나 지금 한국 교회는 야고보서 2장에서 지적한 것처럼 화려한 옷을 입은 사람은 좋은 자리에 앉히고 가난한 사람은 푸대접합니다.
지금 저희 공동체에 군대에 가서 귀를 맞아 청각을 상실한 젊은이가 있어요. 그 어머니가 무당인데 예수 믿는 아들이라고 내쫓았어요. 여름옷을 입은 채로 왔더군요. 그 형제를 위해 이불도 사고 재활용품점에서 옷도 샀어요. 그러면서 내 자신이 옛날처럼 옷을 사서 입고 살 수가 없어요. 돈이 없어서가 아니고 마음에서 허락이 안 되는 거죠. 교회 전체가 여성들이나 남성들이나 화려하게 자기 취향대로만 살지 말고 어떻게든 단순하게 사는 것이 주님이 기뻐하시는 것이라 생각해요. 물론 거짓말도 하지 말아야 하구요.

하용조 • 한국 교회 교인들은 생활 훈련이나 나누고 베풀고 자기를 절제하는 면에서 훈련을 받지 못했다고 생각됩니다.

주선애 • 억지로 하는 것이 아니라 하나님과의 교제 속에서 자연스럽게 절제가 되어야 합니다. 절제가 괴로움이 아니라 즐거움이 되는 것을 스스로 배워야 합니다.

대천덕 • 여기에 성령의 도우심이 있어야 해요. 성령의 내적 역사가 없으면 힘들어요. 많은 사람들이 성령 세례를 받고 또 능력과 기적을 행하지만 자신의 내면적인 참된 사랑, 참된 기쁨, 참된 평화, 오래 참는 것이 없어요. 성령께서 역사하셔야만 모든 것을 기쁨으로 할 수 있게 됩니다. 그래서 성령 안에서의 내적 변화는 참 중요합니다.

하용조 • 공동체를 하면서 소박한 기쁨들이 있었을 텐데 소개해 주시죠.

주선애 • 이전에는 밤나무의 밤은 그냥 밤이었어요. 그런데 요즘은 밤이 한 알씩 떨어지는 것만 보아도 하나님께서 진주를 떨어뜨려 주신 것 같다는 생각이 들어요. 어쩌면 그렇게 신기한지요. 하나님과 마주 앉아서 느끼는 평화도 기쁨이에요. 아담과 하와가 에덴동산에서 얼마나 기뻐했을까를 생각하면서요.

대천덕 • 저는 34년째 예수원에 있는데 형제들이 담배를 끊고 기도하며 일도 잘 하는 모습을 볼 때 기뻤습니다. 또 이번에는 결혼식이 있어서 기쁘고, 개인적으로는 조용히 생각할 때 제일 기쁩니다. 일이 순조롭게 되어서 기도하며 글 쓰는 시간이 있을 때 참 좋아요. 만약 문제가 생기면 문제 해결하는 일에 힘쓰느라 기도 시간, 글 쓰는 시간이 적어지게 되거든요.

주선애 • 우리는 공동체를 시작할 때 돈이 없었어요. 그런데 신기하게도 필요한 것이 생길 때면 누구에게 말하지 않아도 그것이 들어와요. 이렇게 채워지는 것이 얼마나 기쁜지 모릅니다. 하나님께서 물질적인 것뿐만 아니라 꼭 필요한 사람들을 보내 주실 때면 이것이 하나님이 기뻐하시는 일이라는 확신이 들어서 더욱 기뻤어요.

하용조 • 온누리교회 공동체에서는 회복이 되면 외부로 나가게 되어 있습니다. 받으면 주게 되어 있는 것 같습니다.

대천덕 • 회복된 사람이 공동체에서 나가면 정말 슬퍼요. 그럴 때 손해 봤다고 생각되지만 나중에는 그 사람이 여러 사람을 전도해서 더 많이 돌아오지요.

하용조 • 그런 의미에서 회복은 곧 선교입니다. 공동체의 궁극적 목적은 회복과 하나 됨, 단순한 삶을 경험하고 세상에 나가 세상을 새롭게 하는 것이지요. 저희 교회에서는 약 400명의 선교사를 후원하고 있는데 많은 분들이 나가서 공동체를 만들어요. 자연스러운 공동체의 확산이죠. 저는 수도원과 기도원뿐 아니라 선교사로 나가서 하나님 나라 공동체를 만들어 가는 것도 필요하다고 봅니다.

대천덕 • 그렇습니다. 우리 모두 하나님 나라를 맛보아야 하죠.

하용조 • 맛봐야죠. 우리 교회 부목사 한 사람이 법주사 근방으로 공동체의 비전을 갖고 떠났습니다. 떠날 때 무엇을 도와줄까 물었더니 안 도와주는 게 도와주는 거라고 말하더군요. 그래서 몇 가정이 함께 떠났습니다. 그런데 그곳에 가서 자신이 목사라는 걸 전혀 나타내지 않았습니다. 동네 사람들 아이도 봐주고, 농사도 거들면서 그냥 함께 살았습니다. 그러니까 마을 사람들이 이 잘생긴 30대 후반의 젊은이에게 관심을 가졌어요. 사람들이 왜 왔냐고 물을 때면 "그냥 왔다"라고 했는데 나중에 목사라는 걸 알게 되었대요. 그래도 그분들은 서울에서 무슨 큰 실수를 해서 시골까지 왔다고 생각했나 봅니다. 여러 모로 도와주면서 농사일만 하고 사니까 오히려 동네 사람들이 예수를 믿지 않는데도 목사는 교회를 해야 한다며 자신들이 교회를 세워 줄 테니까 하라고까지 하더랍니다. 섬기는 삶으로 자연히 전도가 된 거지요.

지금은 더 많은 사람들이 찾아온다고 해요. 예수님을 알게 되고 성경 공부 하고 예배도 드리는데 기존 교회의 틀이 아니라 가정 교회로 모여요. 원래 그 목사님은 공동체를 원하던 사람이었어요. 유기농법으로 농사를 돕는데 그게 바로 목회라는 거예요. 그래서 굉장히 좋은 공동체가 생겼습니다. 우리 교회에서 컴퓨터를 제일 잘하던 직원 가정도 사표를 내고 그곳으로 따라갔습니다. 쉽게 말하자면 그 직원이 보기에는 거기가 진짜 교회로 생각되었던 것이죠.

주선애 • 21세기에는 그런 교회가 많이 생길 것 같아요. 교회의 모습도 참 다양해질 테고요.

대천덕 • 그것이 교회의 원형입니다. 건물 유지에 돈 낭비가 많은 것은 부패한 교회의 상징입니다. 사실, 예수님 시대까지의 교회는 건물이 아니라 공동체 생활이었죠.

하용조 • 그래서 누군가 이런 말을 했어요. "교회가 왕국을 건설하는 것이냐 아니면 하나님 나라를 추구하는 것이냐"라구요. 공동체를 하면서 느낀 기쁨에 대해 나누어 보았는데요. 반대로 힘든 일도 많을 것 같습니다.

대천덕 • 때때로 이용하려는 사람들이 있습니다. 공동체에서는 너무 지나치게 봉사하려는 것에 속지 않도록 조심해야 합니다. 며칠을 보면서 정말 들어온 것인지, 진리를 찾는 것인지, 영적 분별력을 갖고 살펴야 합니다.

주선애 • 참 힘든 경우가 있어요. 꼭 오겠다는 사람들, 아파서 오는 사람들, 또 피해서 오는 사람들. 가만 보면 '이건 아닌데'라는 생각이 들지만 보내자니 힘들고, 그럴 때는 저 혼자 결정할 수 없고 교수님들과 협의해야 한다고 말씀드려요.

대천덕 • 예수원에는 의회와 장로 모임이 있습니다. 문제는 장로회를 통해 해결하지요. 의회가 예수원의 원장이에요. 의회가 매일 모여서 문제나 세미나 등 우리가 해결할 수 없는 일을 결정합니다. 급한 일일 경우는 장로회에서 결정하지요.

하용조 • 21세기를 맞이하면서 〈소금과빛〉을 읽는 독자들과 한국 교회, 그리고 지도자들에게 전하고 싶은 따뜻한 충고가 있다면 말씀해 주시죠.

주선애 • 목사님들은 자신만의 왕국을 만들어 성공하고야 말려는 유혹에 빠지지 않았으면 합니다. 목사님들이 하나님과의 깊은 교제에 들어가지 못하고 프로그램과 교회 확장에 바쁜 것을 볼 때면 마음이 아파요. 신학생들은 목회를 영혼 구원과 부르심에 대한 응답이라기보다는 하나의 직업으로 생각하는 경향이 있어요. 또 사모님들이 세속적인 안목에 편승해 교회의 규모를 남편의 능력과 동일시하실 때 정말 가슴이 아프지요. 장로님들의 잠재의식 속에서 우리가 월급 주며 목사를 고용하니까 내게 잘해야 한다는 생각도 보이고 목사님들에게서는 하나님의 종인 나를 받들어야 한다는 주장도 봅니다.
서로 겸손히 섬기며 교회의 본질을 기억하고 소박하게 사는 것이 중요합니다. 정말 존경받는 장로님, 존경받는 목사님이 많은 세상이 되어야지요.

대천덕 • 도시도 그렇지만 시골에는 특히 '좋은 목자'가 필요합니다. 무엇보다도 진실한 자세가 중요합니다. 실패냐 성공이냐를 가리는 것은 좋지 않습니다. 하나님의 일에는 실패가 없기 때문입니다.

주선애 • 제 기억 속에는 1950년대만 해도 많은 신자들이 죽는 연습을 하며 살았던 것 같아요. 주님을 위해서 자신을 죽이는 삶을 살았기에 죽음의 순간에 순교할 수 있었다고 봅니다. 오늘날엔 그런 핍박이 많지 않아 우리의 신앙이 퇴색되는 것 같아요. 신앙생활에 안일하기 쉬운 21세기야말로 순교자 정신이 필요하다고 봐요. 이런 자세가 된다면 한국 교회는 살지 않을까요?

하용조 • 긴 시간 좋은 이야기를 많이 해 주셔서 감사합니다. 이 소박한 대화가 21세기 한국 교회의 많은 분들에게 큰 격려가 되었으면 좋겠어요. 마지막으로 신부님께서 마무리 기도해 주세요.

대천덕 • 주님, 저희는 욕심이 얼마나 많은지 주님 뜻대로 살지 못합니다. 저희를 용서해 주시고 마음을 고쳐 주옵소서. 유명한 사람 되도록 노력하지 않고, 끝까지 부자가 되지도 않고, 정말 바른 소원 가지고 예수님처럼 남을 섬길 수 있는 사람이 되게 하여 주옵소서. 아버지를 섬길 수 있는 사람이 되게 하여 주소서. 성령이 오셔서 우리와 같이, 교제하기로 결정한 교회의 모임들을 도와주시옵소서. 예수 그리스도 이름으로 구하옵니다. 아멘.

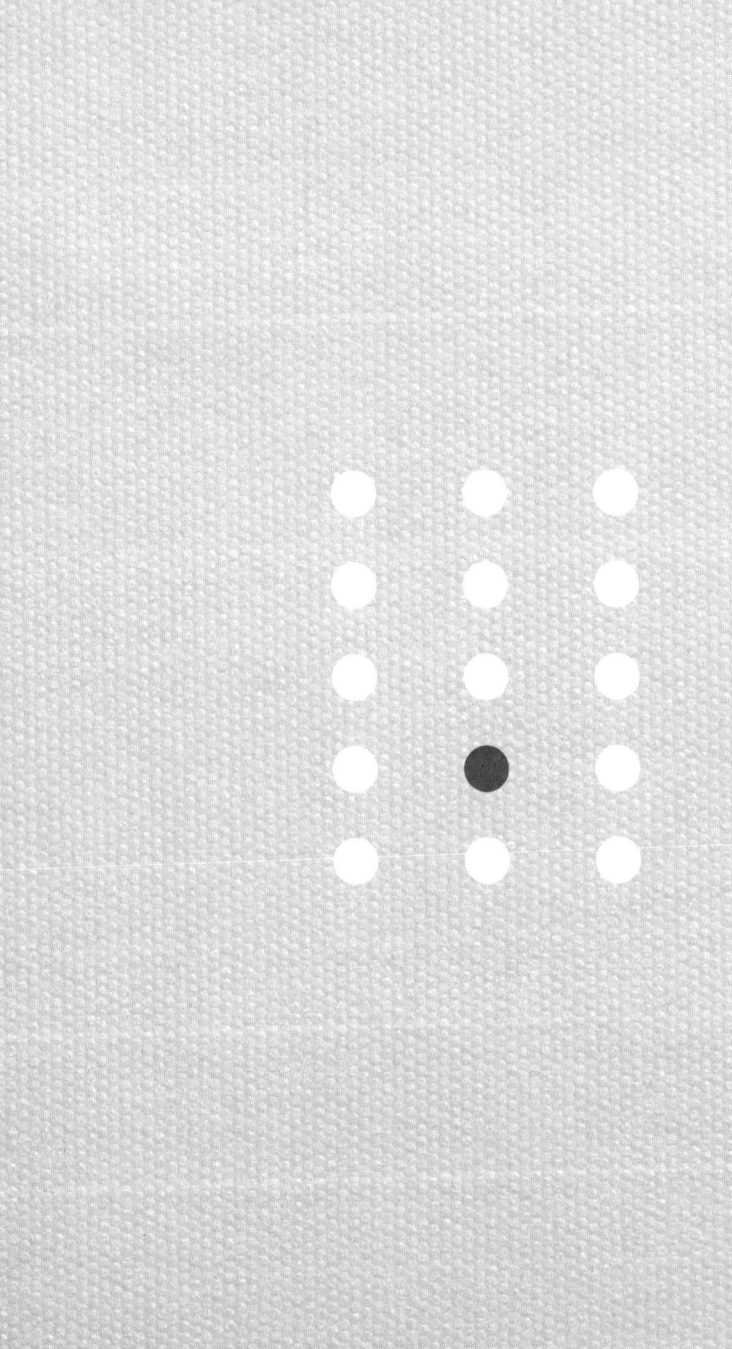

팀 사역으로 21세기를 시작하십시오

2000년 1월호 〈목회와 신학〉 빌 하이벨스 목사와 특별 대담

하용조 • 먼저 이렇게 한국을 다시 방문해 주시고, 귀한 말씀과 통찰력을 나누어 주신 것에 대해 감사드립니다. 윌로우크릭교회가 구도자 예배(seeker's service)로 기존의 목회 패러다임을 깼다고 보는 견해들이 교계에 있는데, 목사님은 이것이, 20세기 말 미국 시카고가 아닌 다른 문화적 환경에도 접목될 수 있다고 보십니까?

빌 하이벨스 • 현재 윌로우크릭의 정신을 나누는 WCA(Willow Creek Association)가 북미주 지역을 비롯 유럽에도 많이 퍼져 있긴 하지만, 다른 지역의 그 어느 교회에게도 윌로우크릭의 특정한 전략이나 방법을 따르도록 강요하지 않습니다. 다만 그들로 하여금 성경적인 가치를 강조하도록 도울 뿐이지요. 그 가치란 바로 '복음주의'입니다. 이 '복음주의'의 목표를 어떻게 수행할 것인지는 그들과 하나님 사이의 문제이며, 그들을 둘러싼 특수한 문화적 환경의 문제입니다. 그래서 어떤 지역에서는 윌로우크릭처럼 소그룹, 구도자 예배 등을 시도하기도 하고, 또 어떤 지역에서는 나름대로의 다른 전략을 개발하기도 합니다. 우리는 다만 복음주의적 가치를 강조하여 지역 교회 목회자들이 해당 지역에 알맞는 방법을 개발하도록 최대한 돕고 있습니다.

하용조 • 이것이야말로 윌로우크릭에 대해 사람들이 가지고 있는 가장 큰 오해라고 생각되는군요. 흔히 윌로우크릭하면 '구도자 예배'만을 떠올리곤 하지 않습니까?

빌 하이벨스 • (웃음) 네, 사실입니다. 하지만 또 다른 오해도 있는데 바로 윌로우크릭이 '전도'만을 강조한다고 생각하는 것입니다.
윌로우크릭은 불신자 전도뿐만 아니라, 영적 은사의 조직, 공동체, 섬김, 빈민들을 위한 구제 등 전반에 걸쳐 사역하고 있습니다. 즉 시카고 지역사회와 함께 나아가되, 사도행전 2장에서 보여 주는 성경적 원리를 통해 움직이는 공동체를 이루어 나가기 위해 노력하고 있다는 것입니다.

저는 교회의 복음주의적 가치관은 항상 동일해야 하지만 그 가치를 당대의 문화에 맞추는 노력도 계속되어야 한다고 생각합니다. 예를 들어 성경은 공동체의 가치에 대해 매우 강조하고 있습니다. 그러나 그 가치를 어떻게 실현하느냐는 시대와 세대마다 다를 수 있다는 점을 기억해야 합니다. 성경은 예배의 중요성을 가르치지만, 예배의 스타일(형식)은 언제나 변할 수 있습니다. 그러므로 우리에게 남겨진 과제는, 보존해야 할 것은 보존하고 바꿔야 할 것은 바꾸는 분별력 있는 융통성에 달려 있다고 말할 수 있습니다.

하용조 • 오늘 아침 강연이 있으셨지요? 교회가 교회 역량의 40퍼센트 정도를 전도에 사용해야 한다고 하셨는데, 최근 정체 상태를 보이는 한국 교회에 대해 어떤 말씀을 해 주시겠습니까?

빌 하이벨스 • 한때 복음 전도에 강한 열정을 가졌던 교회들이 정체 혹은 침체의 현상을 나타내는 것은 사실 그리 놀랄 만한 일은 아닙니다. 그러한 현상은 한국 교회의 경우만이 아니기 때문입니다. 한국 교회의 정체 현상에 대해서는 여러 가지 이유가 있겠지만, 그중 하나는 20년 전에 효과적으로 통하던 전도법이 이제는 더 이상 통하지 않기 때문일 수 있습니다.

사실 이와 동일한 현상이 미국에서도 약 25년 전에 있었습니다. 그 당시 가장 효율적인 전도법은 집집마다 찾아가서 문을 두드리며 전도하는 것이었습니다. 그러나 2000년을 맞이하는 오늘의 미국 상황은 완전히 변했습니다. 이제는 아무리 문을 두드려도 누구하나 문을 열어 주지 않습니다. 타인을 믿지 않기 때문이지요. 따라서 오늘날 미국에서 가장 효과적인 방법으로 평가되는 것은 관계 전도입니다. 직장이나 이웃과의 사귐을 통해 '신뢰의 관계'를 형성해 나가고, 그 후에 편안한 관계 속에서 자연스럽게 복음을 전하는 것입니다. 사실, 시대에 따른 방법론의 차이라고 하겠습니다.

정체와 침체의 두 번째 이유로는 영적 지도자들 자신이 복음 전도에 대한 열정을 서서히 잃어 가는 것일 수 있습니다. 그들 자신이 더 이상 전도를 실천하지 않기 때문에 교인들에게도 그러한 도전을 주기가 힘들어지는 것입니다. 교회 정체 현상에는 이외에도 여러 가지 이유가 있을 것입니다.

하용조 • 윌로우크릭교회는 미국에서도 매우 영향력이 있는 교회로 알고 있습니다. 사회 참여의 문제에 대해서는 어떻게 그 역할을 감당하고 있습니까?

빌 하이벨스 • 우리에게는 사회 참여를 활발하게 추진하는 사역들이 몇 가지 있습니다. 노숙자에게 집을 지어 주는 헤비타트와 도시 빈민들을 돕는 시카고 사회단체들과 연계 활동이 대표적입니다. 또 시카고 지역의 무상으로 대규모로 운영하고 있고, 가난한 사람들을 위해 차를 무료로 고쳐 주는 정비소 사역도 펼치고 있습니다. 또한 직장을 잃은 사람들에게 재취업 교육을 제공하기도 하며, 임산부들이나 남편을 잃은 여성들에게도 필요한 도움을 제공하고 있습니다.

저는 교회가 사람들을 전인격적으로 돕는 것이 중요하다고 생각합니다. 그들의 영적인 삶뿐만 아니라 정신과 육체, 물질은 물론 삶 전체를 도울 수 있도록 노력해야만 한다고 봅니다. 한편 그런 활동을 하기 위해 필요한 재정적 뒷받침은 순전히 교인들의 헌금으로만 충당하고 있습니다. 그래서 저는 예배에 처음 오신 분에 대해서는 헌금에 자유하도록 말씀드리지만, 교회의 동역자로 정기적으로 예배에 참석하는 분들에게는 하나님의 교회를 위해서 물질적으로 헌신할 것을 지속적으로 강조하고 있습니다.

하용조 • 주말 구도자 예배와 주중 기성 신자 예배에서 리 스트로벨이나 존 오트버그 같은 다른 목사님들과 강단 사역을 나누어 감당하고 있는 것으로 알고 있습니다. 이러한 '모험적' 시도를 실천에 옮겨 온 지도 벌써 10년 가까이 되셨다는데 별 어려움은 없으셨습니까?

빌 하이벨스 • 사실 이러한 시도는 더 이상 모든 예배를 저 혼자 감당할 수 없었기 때문에 시작되었습니다. 두 번의 주중 예배와 네 번의 주말 예배, 그 외에도 많은 특별 예배들이 있었고, 교회 사이즈로 보아도 한 명이 모든 사역을 감당하기란 불가능했으니까요.
그래서 제가 교회 스텝들에게 "이제는 팀 티칭(team teaching)을 시작해야 할 때가 된 것 같습니다"라고 말했습니다. 사람들은 저에게 "그게 뭡니까?"라고 묻더군요. (웃음) 그래서 전 대답했지요. "가르치는 은사를 가진 다른 선생님들을 찾아봅시다"라고 말입니다. 제가 그 티칭 팀을 조직하고 개발하고 지도했습니다. 얼마 지나지 않아 교인들은 누가 설교를 하고 누가 가르치느냐에 그다지 신경을 쓰지 않게 되더군요. 왜냐하면 하나님께서 우리 각 사람들을 통해서 역사하셨기 때문입니다.

하용조 • 결국 그러한 변화가 윌로우크릭의 커다란 특징을 이루게 되었다고 보는데, 다른 교회의 경우에도 그런 팀 티칭 사역이 통할 수 있다고 생각하십니까?

빌 하이벨스 • 물론입니다. 오히려 일단 이러한 형식을 채택한 교회는 다시 '1인 지도 체제'의 모델로 돌아가지 않을 것이라고 생각합니다. 사람이 하나님의 진리를 듣게 되면 자기 고유의 인격을 통해 다른 이들과 나누게 되는데, 팀 티칭을 통해 하나님의 말씀이 실생활에서 살아나고 더 풍성해지기 때문입니다. 팀 티칭을 통해 우리는 다양한 렌즈로 위대하신 하나님을 바라볼 수 있게 되었고, 다양한 표현을 통해 풍성하신 그분을 알아갈 수 있었습니다.

또 실제로 전 세계 많은 교회들이 이러한 팀 티칭을 하고 있습니다. 현재 미국의 많은 대형 교회들이 팀 티칭을 하고 있으며 이제는 매우 일반적이 되었습니다. 앞으로 이러한 형태는 미래 사회 큰 교회들에게 있어서 피할 수 없는 사역의 모델이 될 것입니다.

하용조 • 잘 성장하고 있는 교회들에게도 이러한 팀 티칭을 추천하시겠습니까?

빌 하이벨스 • 그렇습니다. 담임 목회자 혼자 52주의 설교를 하고, 주중 예배와 장례식, 결혼식과 같은 특별 예배들을 진행하는 것은 결코 쉬운 일이 아닙니다. 결국은 그런 사역의 폭주가 목회자를 극도로 지치게 하거나, 설교의 질을 낮추게 할 것입니다. 설교를 준비하는 시간보다 더 가중하게 설교를 해야 한다면, 설교의 질이 낮아질 수밖에 없기 때문입니다. 저는 1년에 약 35번의 주일 설교와 5번의 주중 설교를 담당하고 있습니다.

하용조 • 상당히 혁신적이라고 생각됩니다.

빌 하이벨스 • 저의 대표적인 영적 은사는 리더십이라고 생각합니다. 그 다음이 복음 전도이고, 세 번째가 설교와 가르침인 것 같습니다. 솔직히 설교와 가르침은 제게 있어 일을 조직하고 지도하는 것보다 더 어렵습니다. 물론 그에 대해서도 기쁨으로 사역하지만 온전히 가르치기만 하는 분들에 비해서는 어렵지요. 그러나 존 오트버그 목사님의 경우는 설교와 교육에 가장 큰 은사가 있습니다. 그래서 그분이 대부분의 주중 설교를 담당하시지요. 어떤 때는 주중 설교와 그 주의 주일 설교까지 하십니다. 대신 위원회라든가 재정, 건축 등의 문제에 대해서는 전혀 관여하지 않습니다. 그래서 설교를 준비할 시간을 더 많이 가지실 수 있지요.

하용조 • 존 오트버그 목사님께 목회에서의 큰 역할을 나누어 주시고, 또 그 성공을 바라보면서 일종의 개인적인 도전을 느끼지는 않으십니까? (웃음)

빌 하이벨스 • 글쎄요. 솔직히 저는 그다지 도전 의식을 느끼지 않습니다. 사실 전 너무 많은 일들로 인해 지쳐 있었기 때문에, 어떤 도움이든 매우 감사하고 절실했습니다. 또한 저는 '교회 전체'에 있어 최선의 것을 찾기 위해 노력합니다. '저'에게 최선이 아니라 말입니다. 그러므로 저보다 나은 분들을 통해 교회 전체를 위한 도움을 얻고자 노력합니다. 제가 이러한 해외 세미나 등을 위해 교회를 떠나 있을 때도 사람들이 오히려 성장할 수 있도록 말이죠. 그렇기 때문에 늘 저보다 더 나으신 분들로 제 주위를 채우기 위해서 사람을 찾는 것입니다.

하용조 • 윌로우크릭의 교회 리더들이 매주 정기적으로 만나 깊은 영적 교제를 나누며 함께 일을 처리하는 시간이 팀 리더십의 원동력이 되고 있다고 하던데요.

빌 하이벨스 • 예, 그렇습니다. 그 시간이야말로 일주일 중 최고의 시간이지요. 매주 화요일 오전에 저희 교회의 모든 리더들이 작은 방에 모여서 얘기를 나누고 각자 보고할 내용들을 제게 직접 보고합니다. 화요일 모임의 첫 한두 시간은 공적인 얘기보다는 각자의 개인적인 이야기를 함께 나눕니다. 실제로 어떻게 지내는지, 영적인 상태나 가정생활, 자녀 양육 등에 대해서 각자의 속 깊은 이야기까지 나눕니다. 이렇게 인격적인 교제를 나누다 보면 때로는 성령님께서 서로를 위해 기도하게도 하시고 함께 울고 웃게도 하십니다. 많은 일들을 함께 나누고 각자의 인생을 서로 개방하면서 우리는 한 '팀'이 되고 그리스도의 형제 자매가 되어 갑니다.

하용조 • 평신도 사역을 매우 강조하셨는데, 평신도와 목회자와의 관계에 대해서는 어떻게 생각하십니까?

빌 하이벨스 • 성경은 목사를 가리켜 '선생'임과 동시에 '영적

코치'라고 말합니다. 이런 관점에서 보면 교회의 모든 멤버들은 다 선수(사역자)들입니다. 목사가 가지고 있는 가장 주된 임무 중 하나는 사역자인 모든 평신도들에게 힘을 주고 그들이 가지고 있는 자원을 활용하여 충분히 자신의 역할을 다할 수 있도록 하는 것입니다. 미국 교회의 경우 지난 100년 간 이러한 일들이 제대로 수행되지 못했습니다. 교인들이 목사에게 월급을 주어서 목사로 하여금 모든 사역을 혼자 다 처리하도록 했지요. 그러나 그것은 성경적인 개념이 아닙니다. 우리는 윌로우크릭의 사역을 통해서 보다 성경적인 모델을 제시하고 싶습니다.

하용조 • 청년 목회에 대한 목사님의 목회 철학은 무엇입니까?

빌 하이벨스 • 통계를 보아도 청년 사역에 대담하게 투자하는 것은 매우 현명한 일이라고 생각합니다. 예수 그리스도를 구주로 영접하는 크리스천들 중에 80-90퍼센트 정도가 18세가 되기 이전에 그 결정을 한다고 합니다. 그래서 저는 젊은 이들, 신세대 사역이 매우 중요한 일이라고 생각합니다. 우리는 윌로우크릭의 초창기부터 엄청난 양의 인적 자원과 재정적 자원을 젊은이 사역에 집중적으로 투자해 왔습니다. 요즘은 특별히 X세대를 위한 사역과 20대를 위한 사역에 집중하고 있는데, 매주 1,000명 정도가 모여서 예배를 드립니다. 이것은 우리 사회를 위해서도 지속적인 기회가 될 것입니다. 하지만 그들을 '우리 식대로' 성가대 가운을 입혀 지루하고 긴 설교를 듣게 한다면 아무도 교회에 나오려 하지 않을 것입니다. 이제는 새로운 방법으로 그들에게 접근해야 합니다. 우리 역시 그러한 방법에 대해 계속 연구하며 배우고 있습니다.

하용조 • 목사님은 매년 '재충전을 위한 여름 휴가'(summer study break)를 가지신다고 들었습니다. 굉장히 많은 사역들을 감당하시면서 어떻게 그것이 가능하셨습니까? 쉼과 사역의 생산성에 관해 나름대로 깨달은 원리나 통찰력은 무엇인가요?

빌 하이벨스 • 제 생각에 어느 목회자든지 교회 사역을 하는 과정에서 반드시 어떤 리듬에 직면한다고 생각합니다. 예를 들어 2년이든 혹은 5년이든 처음 일정 기간은 역동적으로 사역에 전념할 수 있습니다. 하지만 목회자는 10년, 15년, 20년이 지나서도 변함없이 견고하고 건강한 페이스를 유지하고 있어야 하지 않겠습니까?

제 경우 윌로우크릭에서의 사역이 7년쯤 지났을 때, '이대로는 더 이상 안 될 것 같다'라는 생각이 들었습니다. 당시 저는 거의 모든 주일 설교와 주중 설교를 혼자 준비했고 장례식이나 결혼식, 모든 특별 설교, 리더십 모임, 또 상담들을 주관하고 있었습니다. 그대로는 오래 갈 수 없다는 생각이 들더군요. 그래서 교회의 다른 리더들에게 휴식의 시간이 꼭 필요하다고 말했습니다. 게다가 당시 제게는 어린 두 아이들이 있었기 때문에 아이들과 함께 시간을 보내는 것도 반드시 필요했습니다. 결국 그후 매년 여름이면 3-4주 혹은 6주간의 휴가를 통해 개인적인 묵상 시간을 갖고 재충전을 합니다.

하용조 • 조금 다른 이야기인데요. 요즘 미국 영적 지도자들이 직면하고 있는 가장 큰 과제를 목사님은 무엇이라고 보십니까?

빌 하이벨스 • 간단히 말해 리더들을 지도하고 개발하는 일이라고 봅니다. 사실 리더십 개발은 전 세계적인 이슈입니다. 모든 일들이 리더들에 의해 좌우되기 때문이지요. 그러기에 제가 아는 거의 모든 단체의 지도자들은 모두 이 리더십의 문제로 고민하고 있습니다. 부교역자, 평신도 리더들, 혹은 다음 세대를 위한 리더들을 개발하고 지도하는 것이야말로 가장 큰 과제입니다.

사업이나 정부, 교회의 경우에도 마찬가지입니다. 저는 자연적(세상적)인 리더십과 영적인 리더십이 '어느 정도'는 관계가 있다고 생각합니다.

성경은 로마서 12장 8절에서 매우 분명하게 '리더십'이라는 영적 은사가 특별히 있다고 말씀합니다. 하나님이 주신 이 특정한 은사는 비전을 세우고, 팀을 조직하며, 팀 구성원들에게 동기를 부여하고 격려하며, 방향을 설정하고 여러 자원들을 잘 활용하는 능력입니다. 제가 이 영적 리더십과 관련하여 지적하고 싶은 것은, 영적 리더의 가장 중요한 사명이 무엇보다 건전한 리더십 문화를 형성하는 것이라는 점입니다. 왜냐하면 이러한 리더십 문화를 통해서 새로운 리더십이 발견되고 계속 발전될 수 있기 때문입니다.

하용조 • 빌 클린턴 미국 대통령(제42대)과도 정기적으로 만나 영적 카운셀러의 역할을 하는 것으로 알고 있는데, 영적 지도자는 정계 지도자들에게 어떻게 영향력을 끼쳐야 한다고 보십니까?

빌 하이벨스 • 그러한 관계는 무엇보다 매우 내밀해야 하며 서로의 신뢰가 중요하다고 생각합니다. 지도자들 가운데 이러한 관계를 자신에게 유리하게 정치적으로 이용하는 경우가 있습니다. 자신의 책이나 방송을 통해 그것을 선전하려고 많은 돈을 사용하기도 하지요. 그렇기에 사실 처음 클린턴 대통령이 매월 정기적인 만남을 요청했을 때, 저는 거절했습니다. 하지만 그후 기도를 하고 그를 만나서 이것이 지극히 개인적이고 계속적인(단순한 이슈이거나 선전용이 아닌) 만남이 되어야 한다는 조건을 세운 후에, 영적 조언을 위한 만남을 가지기로 하였습니다. 대통령도 저와의 만남을 공적으로 이야기하지 않고, 저 역시 그러합니다. 이제 좋은 우정의 관계를 쌓고 있습니다. 그가 잘못되었다고 생각되어지면 지적할 수 있고, 현명한 결정을 했다고 느낄 때면 격려할 수 있지요.

하용조 • 교회에서 영적 리더의 시간 관리는 매우 중요하다고 생각하는데, 평소 시간 관리는 어떻게 하십니까?

빌 하이벨스 • 하나님께서 주관하고 계신 이 세계에는, 일정한 리듬 즉 매일, 매주, 그리고 매달의 리듬이 있다고 생각합니다. 매일의 리듬이라고 한다면, 성경에서는 '해가 뜨고 지는' 것으로 표현하고 있습니다. 해가 떠 있는 동안에는 아주 열심히 최선을 다해 일합니다. 그리고 해가 지면 멈추는 것입니다. 제 경우, 보통 아침 6시쯤 교회로 출근하여 열심히 일하고, 오후 4시 정도가 되면 집으로 돌아갑니다. 결코 할 일을 가지고 집에 가지 않습니다. 집에서는 오직 가족과 함께 시간을 보내는 것이지요.

매주의 리듬에 대해서도 성경은 우리에게 '안식일'(sabbath)을 통해 말씀하십니다. 6일간 일을 하고 주일날 편히 쉬라는 것인데, 목회자는 주일이야말로 가장 많은 일이 있으므로 (웃음) 저는 주일 오후부터 월요일까지 푹 쉽니다. 매주 예배가 끝나면 아내와 교회에서 2시간 정도 떨어진 한적한 곳으로 가서 바닷가를 걷기도 하며 시간을 보냅니다.

한편 매월 리듬을 위해서는, 매달 일정한 영적 재충전의 시간을 가져야 한다고 생각합니다. 이는 건강하고 견고한 영적 상태를 위해서 매우 중요합니다.

하용조 • 하지만 저녁 모임이나 회의가 있는 경우는 어떻게 하십니까.

빌 하이벨스 • 그럴 때에도 일단은 집에 와서 가족들과 저녁

식사를 함께 한 후 다시 교회로 돌아갑니다. 아이들이 어렸을 땐 일주일 중 4일은 반드시 집에서 자는 것을 원칙으로 하였습니다. 세미나나 집회가 많았지만 아이들과의 이 약속을 15년 이상 지켰습니다. 덕분에 두 아이 모두 교회나 저에게 원망이나 분노감 없이 하나님을 사랑하는 사람으로 잘 자라주었습니다. 저는 이 부분이 많은 목회자들이 잘못하기 쉬운 부분이라고 생각합니다. 많은 교계 지도자들의 회고록을 보면서 아내와 가족들에 대해 후회하는 부분이 많이 나오는 것을 발견했습니다. 그래서 저는 제 가족을 희생시키지 않도록, '다른' 선택을 하기로 결심했지요. 급한 사정 때문에 일주일 중 4일을 채우지 못했다면 그다음 주에 그만큼 더 함께 시간을 보냈습니다. 지금은 아이들이 커서 이 원칙이 좀 변했지만 여전히 많은 시간을 함께 보냅니다.

하용조 • 마지막으로 최근에는 주로 무엇을 생각하고 고민하시는지요. 또 앞으로 21세기의 윌로우크릭은 주로 어디에 사역의 초점을 둘 계획인지 궁금합니다.

빌 하이벨스 • 역시 리더십의 개발입니다. 저는 미래 적극적인 교회를 이끌어 갈 리더들을 개발하고 양육하고 싶습니다.

실제로 윌로우크릭에서는 세계 곳곳에서 새로이 등장하는 리더십들을 정해 그들과 상담하고 리더십 기술을 개발하는 시간을 보내고 있습니다. 현재 미국을 포함한 캐나다와 영국, 호주, 뉴질랜드 등에서 온 12명의 젊은 지도자들이 저희 교회에서 닥터 비, 존 오트버그, 로빈슨, 그리고 저와 함께 개인적으로 시간을 보내며 얘기를 나누고 있습니다. 그들의 질문에 답하고 함께 이야기하는 모든 과정은 저에게도 역시 큰 도전이 됩니다.

사랑하면 창의적이 됩니다

2006년 〈목회와 신학〉 3월호 최원준 편집장과 특집 대담

최원준 • 〈목회와 신학〉이 1989년 7월 창간한 이래 2006년 2월에 발행 200호가 됩니다. 200호 발행을 맞이해 감회가 특별할 것 같습니다.

하용조 • 〈목회와 신학〉을 창간할 때 가졌던 가장 기본적인 고민은 '목회'와 '신학'이 마치 이혼한 것처럼 이분화 돼 있다는 것이었습니다. 목회를 위한 신학이어야 하고, 신학이 있는 목회이어야 하는데, 한국 교회의 현장을 보니까 신학 따로, 목회 따로 있더군요. 또 신학교에서도 목회와 전혀 상관이 없는 신학을 가르치고 있구요. 목회 현장을 의식하지 않은 채

신학 중심으로 가는 경향이 있었어요. '목회'와 '신학'이 양극화되고 있었지요.

신학도 목회를 위한 것이어야 하고, 목회도 신학이 있는 것이 될 때 가장 바람직하다고 생각합니다. 이처럼 '목회'와 '신학'의 관계 속에서 건강하고 사려 깊으며 영적으로 충실한 '목회'와 '신학'이 한국 교회에 펼쳐지길 원하는 마음에서 〈목회와 신학〉이라 명명하고 그걸 목표로 시작하게 되었어요. 그런데 200호가 되었다니 그동안 부족하지 않았나 생각하지만, 한편으로는 그런 대로 공헌도 하지 않았나 하는 감사의 마음도 있습니다. 아직도 가야 할 길이 멀고, 건너가야 할 강이 많으며, 극복해야 할 일들이 많지 않나 생각합니다.

최원준 • 신학이 있는 목회, 목회를 위한 신학에 대해 말씀해 주셨습니다. 온누리교회 담임목사이신 동시에 횃불트리니티신학대학원대학교 총장이시기도 합니다. 양쪽을 겸임하시면서 특별히 이 시대의 목회자들과 신학생들에게 나누고 싶은 말씀이 있다면 부탁드립니다.

하용조 • 제가 신학교 총장으로 있으면서 커리큘럼을 보니, 교수님들이 목회 경험이 없으셔서 그런지 목회적 안목과 센스가 비교적 깊지 못하고 자꾸 신학 일변도로 가는 경향이 있더라군요. 신학생들이 이론 중심의 학문을 반복해 접하다 보니까 신학교를 졸업하고 목회 현장에 들어와서도 바로 쓰임을 받지 못한다는 거예요. 그러니까 대학교를 졸업했다고 해서 회사에서 바로 사용하지 못하고, 영어를 많이 공부했는데도 회화를 못하는 것과 똑같아요.

신학을 그렇게도 했는데 설교가 안 되고 목회가 겉도는 까닭은, 우리 신학의 구조 속에 학문적 접근은 있어도 목회적 접근은 전인적으로 만들어지지 않았다는 증거입니다. 그러니까 제가 신학교 총장을 하면서 계속 지켜보니까, 정말 목회자를 양성하는 신학교라고 한다면 커리큘럼 차원에서 실천 신학에 좀더 많은 시간을 할애해야 한다고 봅니다.

일반적으로 신학교에서 성경 신학, 조직 신학, 역사 신학에 많은 시간을 할애합니다. 하지만 실천 신학의 예배학이나 설교학과 같은 분야를 더 비중 있게 다루어야 합니다. 이런 과목에 많은 시간을 배정해 현장 경험이 풍부한 교수진을 통해 신학을 가르쳐야만, 신학생들이 졸업 후 정말 좋은 목회자가 되어 나옵니다. 그렇지 않으면 목회적으로 전혀 준비돼 있지 않은 사람들만 양산돼 나올 위험성이 얼마든지 있습니다.

한편 교회에서 목회하면서 느끼는 부분도 있습니다. 많은 목사님들이 계시는데, 실제로 그 분들이 안정된 궤도에 올라 목회할 수 있을 때까지 최소 3년이 걸리더군요. 목회가 뭔지를 잘 모르기 때문에 3년 동안 겉도는 거죠. 아는 것 같은데 그게 안 되는 거예요. 그분들을 다시 훈련을 시키고, 목회 센스를 가르치고, 목회 정신을 가르쳐야 합니다.

따라서 일반적으로 목회를 어떻게 하느냐 하면, 신학과 상관없이 먹히는 대로 하는 거예요. 감정적으로 하다가 안 되면 극단적으로 하는 겁니다. 그러니까 성경적 원칙에 기초해 목회하는 게 아니고, 편법으로 하는 겁니다. 쉽게 말해, 신학이 없는 목회를 하고 약장수 같은 설교를 한다는 겁니다. 신학적 내용이 없는 것입니다. 이런 양면성을 목회 현장에서도 경험했고, 신학교에서 총장을 역임하면서도 경험했어요.

최원준 • 30년 가까이 목회를 하셨는데, 목회란 무엇이라고 생각하십니까?

하용조 • 목회라고 하는 것은 예수님을 대신해 하나님의 양을 하나님의 백성답게 살도록 돕는 것입니다. 결국 하나님 나라를 이루는 일이라고 생각합니다. 목회는 하나의 인격적 삶의 현장이라고 할 수 있겠지요. 따라서 지식 공동체는 신학교이고, 인격 공동체는 목회라고 할 수 있어요. 어떻게 보면 목회는 종합예술이고, 우리가 배운 신학의 꽃이 목회인 셈이죠. 지상에서 예수님을 위해 살고, 예수님을 닮으며, 하나님 나라를 이루는 핵심적 공동체가 교회입니다. 바로 이 교회를 교회답게 만드는 게 목회가 아닌가 생각합니다.

최원준 • 이런 목회관에 비춰 볼 때, 현재 한국 교회를 바라보며 느끼는 안타까움은 무엇입니까?

하용조 • 지금까지 한국 교회의 문제점은 신앙과 삶이 동떨어진 형식적이고 이론적인 면에 치우쳤다고 생각합니다. 신앙이 너무 종교적이고 교리적인 면에 치중했던 거 같아요. 그러다 보니까 우리의 신앙이 삶으로 내려와야 하는 문제가 가장 큰 숙제로 남게 된 거죠. 또 하나는 건강한 신학의 기초 위에서 목회할 수 있는 목회자들이 필요한 것입니다. 이념적이거나 은사적 차원의 목회가 아니라 인격적 차원의 목회를 할 수 있어야 합니다. 사회가 공감할 수 있는 목회가 필요합니다. 지금 바로 그런 교회가 필요합니다.
오늘날 한국 사회는 교회에 잘 공감해 주지 않는 것처럼 느껴집니다. 사회와 교회가 겉돌아요. 교회는 예수님을 믿지 않는 세상 사람들이 볼 때 "내가 믿지 않아도 교회가 바로 가고 있다"라고 말할 수 있게 행동해야 합니다. 그러니까 건강한 사람을 보면 건강하다는 것을 금방 알 수 있거든요. 하지만 우리 교회 현실은 병들어 있는 것만 같아요. 따라서 지금까지 기형적인 형태의 성장이 아니었나 하고 조심스럽게 생각하게 됩니다.

최원준 • 앞으로 10년이나 20년 후에 많은 변화가 있으리라고 생각됩니다. 목사님께서 전망하는 미래적 상황과 거기에 맞춰 교회는 어떻게 대처해야 하는지 말씀해 주십시오.

하용조 • 가장 중요한 것은 교회가 '성경적'이어야 한다는 것입니다. '성경적'이고 '성령 중심적'인 교회여야 합니다. 그리고 21세기의 교회는 '문화적'이어야 합니다. 교회가 반문화적일 때 세상에서 도태됩니다. 세 번째는 '역사적' 맥락입니다. 이 시대의 모든 사회 현상과 역사적 흐름을 외면해선 안 됩니다. 역사 속에 교회가 개입하고 참여해 정신적 지주 역할을 구체적으로 해 주는 것이야말로 21세기를 준비하는 목회라고 할 수 있습니다.

최원준 • 현재 한국의 상황을 바라보면서 한국 교회가 정신적 지주로서 해야 할 구체적인 일들은 어떤 것이 있을까요?

하용조 • 교회는 항상 교회여야 한다고 생각합니다. 교회는 교회됨의 본질에 충실해야 하는 거죠. 그러면서 동시에 교회가 아니라 성도들로 하여금 구체적으로 세상에 참여해 세상을 변화시키는 주역이 되도록 도와주는 역할을 해야 한다고 생각합니다. 교회 자체가 직접 정치 일선에 뛰어들거나 경제 구조 속에 뛰어드는 것은 교회 본연의 역할이 아닙니다.
그러나 정치, 경제, 사회, 문화 등에서 이론을 제공하고 방향을 제시하는 것은 교회의 역할입니다. 보수와 진보라는 이념적 대립과 같은 많은 이슈들도 있지만, 무엇보다 다음 세대에 꼭 기억해야 할 중요한 핵심 가치는 '포스트모더니즘'과 '종교 다원주의'와 '문화적 큰 변화'이죠. 이런 맥락에서 교회가 존재하기 때문에 어떤 의미에서 이데올로기적인 것들은 이미 지나갔다고 볼 수 있죠. 사실 그게 우리 삶에서 그리 중요한 이슈가 되지 않은 것 같아요. 오히려 중요한 이슈는 이념적이라기보다 종교 전쟁일 것입니다. 기독교와 이슬람의 전쟁이라든지, 토속 종교와 타 종교 간의 갈등이라든지 말입니다. 이런 것들이 현실적 주요 이슈로 등장할 겁니다.

따라서 교회에서 가장 중요한 게 순수성이에요. 복음의 순수성이죠. 복음이 변질되고 세상과 타협하기 시작하면 전부 죽습니다. 복음은 끝까지 복음이어야 합니다. 그러니까 '우리 것이 좋은 것이여'라는 말처럼, 기독교는 기독교일 때 공헌을 하게 되는 것이지, 기독교가 자신의 색깔을 잃어버리고 세속화된다든지 타 종교화되어 본연의 특색을 잃어버린다면 모든 것들을 잃고 말 것입니다.

그래서 저는 불교는 더 불교적이어야 하고, 가톨릭도 더 가톨릭의 본질로 가야 한다고 봅니다. 마찬가지로 개신교는 개신교대로 자신의 독특하고 고유한 영역에서 순결을 지켜 나갈 때, 세상을 변화시킬 수 있는 정화적 역할과 세상에 영향력을 줄 수 있는 영적 및 정신적 역할을 감당할 수 있다고 생각합니다.

최원준 • 많은 사람들이 이구동성으로 하 목사님의 목회를 일컬어 "참 창의적이다"라고 평가합니다. 창의적 목회의 노하우를 말씀해 주십시오.

하용조 • 사랑하면 창의적이 됩니다. 머리가 좋다거나 창의적인 능력도 중요하겠지만, 더욱 중요한 것은 자꾸 생각하는 일이지요. 제가 잘 하는 게 있는데요, 목회에 대해 자꾸 생각하는 겁니다. 저는 교회에 대해서 다른 사람들보다 아마 10배는 더 생각할 거예요. 한 번 생각하면 잘 안 되지만, 밤새도록 생각하면 뭔가 나와요.

그 부분에서 만큼은 어디서나 자신 있게 얘기할 수 있습니다. 저만큼 온누리교회를 생각하는 성도가 있다면, 그 사람이 바로 담임목사예요. 아마 저만큼 온누리교회를 생각하는 사람은 없을 거예요. 저는 그런 자신감을 갖고 있어요. 생각을 굉장히 많이 해요. 생각하고 또 생각하고, 기도하고 또 기도합니다. 한 번 보면 안 보여도 열 번 보면 보입니다. 글도 한 번 읽으면 안 보이지만, 열 번 읽으면 안 보이던 게 보여요. 설교도 마찬가지예요. 본문을 뚫어지게 보고 있으면 결국 보게 됩니다.

그런데 사람들이 거기까지 가지 않아요. 그리고 자신이 갖고 있는 주석이나 지식으로 얼른 타협해 버립니다. 예를 들면, 저는 설교하려면 일주일 내내 생각하거든요. 잠자면서도 계속 생각합니다. 어떤 때는 잠을 자면서도 막 설교해요. 그러다 마지막에 정리하는 거예요.

이와 같이 사랑하면 보여요. 그 사람을 사랑하면 그 사람에게 필요한 뭔가를 볼 수 있어요. 생각을 많이 하면 볼 수 있어요.

저는 다른 사람들보다 탁월하다는 생각을 별로 하지 않아요. 그런데 정상에 올라 있는 사람들은 모두 똑같아요. 탁구나 축구를 하거나, 바이올린을 할 줄 알거나 미술을 하거나 무엇을 하던지 간에 일정 수준에 올라가 있는 사람들은 보는 세계가 달라요. 보이니까 그려내고, 들리니까 작곡하는 거죠. 쥐어짜서는 안 나와요. 사진도 마찬가지일 거예요. 앵글이 보이니까 찍는 거지, 보이지 않는데 셔터를 눌러 봐야 아무 소용이 없거든요. 보일 때 찍어야죠. 설교도 그렇고요.

또 하나는 확신이 있는 것을 실행하는 겁니다. 확신이 있으니까 일을 저지르지 불확실하면 일을 저지르겠어요? 어차피 미래는 보이지 않고 '나도 못 보고, 남도 못 보는' 것인데 말입니다. 그런데 저는 미래를 봤기 때문에 가 보지 않은 길을 가 보는 거지요.

그리고 또 하나, 저는 실패에 대한 두려움이 없어요. 그것이 제가 지금까지 모험을 하게 된 동기인 것 같아요. 저는 실패에 대한 두려움이 없어요. 성격상 뒤를 잘 안 봅니다.

최원준 • 최근 몇 년 전부터 교회 차원에서 리더십 콘퍼런스를 개최해 오고 있는데, 목사님께서 이해하는 리더십의 핵심은 무엇입니까?

하용조 • 저는 리더십을 '배의 키'(key)라고 생각해요. 키는 작은 거지만, 키를 어떻게 돌리느냐에 따라 배를 이쪽으로도, 저쪽으로도 가게 하는 것과 마찬가지로 리더십은 일종의 방향이라고 생각합니다. 이런 면에서 좋은 리더를 만난다는 것은 좋은 방향을 잡을 수 있다는 거겠죠. 또 리더십은 '희망'이라고 생각해요. 좋은 리더를 만나면 모두 희망적이 되고, 리더를 잘못 만나면 모두 절망적이 되죠. 그러니까 리더십은 방향이고 희망이며 나아가는 영향력입니다.

그래서 저는 리더십을 항상 '모성적'이라고 생각해요. 리더십에는 부성적 리더십과 모성적 리더십이 있어요. 부성적 리더십은 오래 못 가죠. 겁을 주고, 호령하고, 명령하는 가부장적 리더십으론 안 됩니다. 이것은 영웅적 리더십이죠. 거칠고 억센 리더십으론 한계가 있습니다. 그게 아니라 부드러운 리더십이 필요하죠. 수용하는 어머니 같은 리더십 말입니다. 그것은 사람을 변화시켜요. 부성적 리더십보다 모성적 리더십이 중요합니다. 결국 리더십에서 가장 중요한 것도 역시 '사랑'입니다.

사랑하면 리더십이 생겨요. 사랑하지 않는 사람들은 끌려갑니다. 사랑하는 사람들은 모든 것을 이끌어 갑니다. 사랑하니까, 잘해 줘야 하니까, 살려야 하니까 희생하고 섬기는 거죠. 자신에게 능력이 있고 없고 간에 희생하는 겁니다. 진짜 리더십에는 희생이 필수적으로 따르고, 자기 포기가 따릅니다. 사심이 있으면 리더가 될 수 없습니다. 생각이 많아도 안 되고요.

최원준 • 한국 교회 10대 설교자에 선정되셨습니다. 목사님께서 추구하시는 설교의 방향에 대해 설명해 주십시오.

하용조 • 설교는 자신의 은사에 따라야 한다고 생각해요. 이번에 저의 설교에 대해 제사장적 관점이 많다는 평가가 나왔습니다. 그래서 제게 예언자적 관점이 좀 더 필요하다고 하더군요. 이런 면에서 저는 한국 교회가 이 두 가지 요소에 균형을 이루었으면 합니다. 먼저 설교자는 제사장적으로 하나님과 인간과의 화해를 시키는 구원의 메시지를 전하는 설교를 필요로 합니다. 동시에 이 세상에 병들고 죽어가는 것들에 대한 예언자적 메시지를 통해 빛과 소금의 역할을 하고 부패를 막으며 불의를 도려 내야 합니다. 이 두 가지 요소가 앞으로 한국 교회 모든 목회자들이 함께 풀어 가야 할 숙제가 아닌가 생각합니다.

그런데 한국 교회는 너무 한 쪽으로만 치우치는 경향을 보이곤 합니다. 너무 제사장적인 설교를 하시는 분이 계시고, 너무 예언자적 설교만 고집하시는 분도 계십니다. 설교에도 양극화 현상이 일어난다고 봐요. 목회는 제사장적 설교를 하면서 동시에 예언적 메시지를 전하는 수술과 치유를 겸해야 회개와 회복이 일어납니다.

저는 무엇보다 설교는 '희망적'이어야 한다고 생각해요. 그 사람의 설교를 듣고 용기를 얻으며 희망을 가져야지, 그 사람의 설교를 듣고 회개만 해도 곤란하거든요. 회개 다음에 희망과 구원이 있으니까 말입니다. 설교는 이런 양면성이 모두 필요한 것이라고 생각합니다.

최원준 • 사람을 살리는 설교를 하기 위해 설교자가 꼭 기억해야 할 원칙이 있다면 무엇입니까?

하용조 • 설교는 성경에 기록된 하나님의 말씀을 오늘을 사는 현대인들에게 설교자를 통해 전달하는 성령님의 사역입니다. 예배가 교회의 심장이라면 설교는 예배의 심장과 같지요. 하나님의 말씀이 있는 그대로 성령님의 감동으로 선포되면 예배가 살아납니다. 교회는 말씀 사역보다 더 중요한 것이 없고 목회자는 바로 이 말씀으로의 부르심을 받은 사람입니다. 설교 속에 목회자의 비전도 있고 목회에 대한 그림과 색

깔도 있어요. 따라서 목회자는 설교를 통해 성도들의 영성을 만들어 갑니다. 설교에 대해서 다음과 같은 네 가지 이해가 필요하다고 봅니다.

첫째, 설교는 '선포'입니다. 설교에는 하나님의 주권이 선포돼야 하고, 예수님의 삶을 보여 줘야 하며, 성령님의 능력이 나타나야 합니다. 더불어 설교의 결론은 예수님을 위해 어떻게 살 것인가에 초점을 맞춰야 합니다. 이 선포를 들을 때마다 사람들이 흥분하고 결심하며 자기 삶을 포기하고 예수님을 위해 살겠다고 결정하도록 고려해서 선포해야 합니다.

둘째, 설교는 하나님께서 주신 '선물'입니다. 같은 이야기를 해도 재미있고 간결하게 하는 사람이 있습니다. 설교자가 되기 전에 설교의 은사가 있는가를 점검할 필요가 있습니다. 그러나 이미 목회자가 되어 설교를 해야 하는 위치라면 생명을 걸고 설교를 뚫는 노력이 있어야 합니다. 설교를 뚫는 방법은 세 가지가 있습니다. 하나, 최선을 다해야 합니다. 둘, 좋은 방법을 택해야 합니다. 좋은 스승을 만나면 시간을 단축할 수 있습니다. 셋, 깊은 영성을 갖도록 사모해야 합니다. 깊은 영성은 깊은 기도에서 나옵니다.

셋째, 설교는 '연속성'입니다. 무슨 말이냐 하면, 설교는 연속극 같아야 한다는 거죠. 기승전결의 구조가 있어서 웃음과 흥분과 기쁨과 감격이 그 속에 있어야 합니다. 설교가 끝나면 성도들 사이에 다음 설교를 듣고 싶다는 기대감을 갖도록 배려해야 합니다. 설교가 구약과 신약을 오가면, 1년 동안 설교를 들었어도 무슨 설교를 들었는지 기억나지 않습니다. 따라서 설교는 단회성이어선 안 되고 연속성이라야 합니다. 그래서 저는 성경을 책별로 하나씩 정해서 진행하는 강해 설교를 지향합니다.

넷째, 설교는 '영을 살리는 목적'을 갖고 있습니다. 설교는 이성에 호소하는 게 아닙니다. 이성은 설교를 위한 한 과정일 뿐이죠. 물론 비논리적인 설교를 즐겨 듣는 사람은 거의 없습니다. 그래서 많은 설교자들이 설교를 논리적으로 구성하려고 노력하죠. 그러나 설교는 영에게 하는 것이기에 논리만으로 해결되지 않는다는 것을 기억해야 합니다. 교회에 들어올 때는 죽은 영혼의 얼굴이었던 사람이 돌아갈 때는 산 영혼의 얼굴로 되어 기쁘게 돌아가는 것을 볼 수 있는 곳이 교회여야 합니다.

최원준 • 특별히 강해 설교를 하시는 이유는 무엇입니까?

하용조 • 강해 설교는 성경 본문을 중심으로 합니다. 저자의 의도를 충분히 해석하여 오늘의 상황에 정확하게 적용하는 설교이기 때문에 앞서 언급한 설교의 원칙들을 잘 반영하게 됩니다. 물론 상황을 가지고 설교하면 매력이 있고, 설득력이 있으며, 시사성도 있습니다. 따라서 이런 설교에 청중들이 흥분하지만 실질적으로 변화되지 않는 것을 보게 됩니다. 이런 면에서 말씀을 계속 가지고 가는 것이 인기는 없을지 모르지만, 결국 성도들의 마음에 말씀이 부딪히게 되죠.

강해 설교는 편견을 제거할 수 있고 성도들에게 균형 감각을 줄 수 있습니다. 또 성경적인 성도상을 갖도록 이끌어 줍니다. 전통적인 교회는 주로 연역법적 설교를 하는데, 강해 설교는 그 특성상 주로 귀납법적 설교를 지향합니다. 연역법적 설교는 일방적(one-way)이기 때문에 설명하고 명령하며 강요하는 느낌을 주게 되죠. 그러나 귀납법적 설교는 청중들로 하여금 생각하고 질문하며 결정하도록 만듭니다. 해답을 설교자가 주는 게 아니라 회중들이 스스로 찾아가게 만듭니다.

또한 강해 설교는 반드시 선교와 연관이 되기 때문에 강해 설교를 하는 사람은 대부분 '선교'를 강조하게 되죠. 그러나 강해 설교를 성령님과 연결하는 설교자는 그리 많지 않아요. 따라서 강해 설교를 지향하는 목회자라면, '강해 설교'와 '성령의 기름 부으심'을 연결하는 설교를 준비한다면 하나님의 특별한 인도하심을 경험하게 되리라 생각합니다.

최원준 • 2007년이면 소위 1907년에 있었던 평양대부흥운동 100주년을 맞이하게 됩니다. 그래서 교계에서는 'Again 1907'이라 하면서 다시 한 번 부흥을 꿈꾸기도 하는데요. 목사님께서 생각하는 부흥은 무엇입니까?

하용조 • 2006년은 미국의 아주사(Azusa)에서 부흥이 있은 지 100주년이 되는 해입니다. 그리고 한국에서 부흥이 있은 지 100주년이 되는 해가 바로 2007년입니다. 저는 진정한 부흥은 '정신 및 영적 혁명'이라고 생각해요.
지금 한국 교회에 필요한 것은 순교자입니다. 그런데 한국에 순교자가 없습니다. 미국의 교회가 공허한 것도 마틴 루터 킹 이후 순교자가 없기 때문입니다. 예수님께서 십자가에 못 박혀 죽으심으로써 인류가 구원받았던 것처럼, 기독교는 죽어야 그 영향력과 가치가 살아납니다. 지금 우리에게 필요한 것은 양적 부흥이 아니라 영적 부흥이라고 생각합니다. 교회가 다시 한 번 십자가 앞에서 죽는 경험이 필요합니다. 그래야 다시 살아나는 거죠.
'한 알의 밀'이라는 것은 소수를 의미합니다. 그러나 밀알 하나가 썩으면 수백 개, 수천 개의 열매를 맺는 것처럼, 한 알의 위력이라고 하는 것은 엄청난 영향력으로 나타납니다. 결코 많은 숫자가 혁명을 일으키는 게 아닙니다. 교회가 좀 더 자기를 깊이 성찰하고, 자기 개혁을 시도해야 합니다. 다른 사람들을 변화시키기 전에 먼저 내면의 깊은 성찰과 변화가 일어난다면, 그것이야말로 진정한 부흥이 아닐까 생각합니다.

최원준 • 한국에는 대형 교회, 중형 교회, 소형 교회, 농어촌, 미자립 교회 등 여러 형태의 교회들이 있는데 부흥이라는 관점에서 각 교회가 담당해야 할 역할이 있다고 봅니다. 어떻게 보십니까?

하용조 • '조화'와 '균형'이 참 중요하다고 생각합니다. 하나님의 나라는 한 종류의 사람만으로 되지 않고, 다양한 은사와 역할을 가진 사람들이 연합하고 균형을 이룰 때 하나님의 작품이 된다고 생각합니다.
이처럼 한국 교회도 대형 교회만 있어서도 안 되고, 소형 교회만 있어서도 안 됩니다. 모두 팀워크를 이루어 역할 분담을 해서 결국 함께 나아갈 때 부흥을 경험할 수 있습니다. 양적 부흥보다 질적 부흥을 먼저 이뤄야 하지 않나 생각합니다.

지금 한국 교회는 교회 이해의 측면에서도 큰 교회와 작은 교회로 나누는 이분법적 사고를 갖고 있습니다. 큰 교회는 작은 교회를 무시하고, 작은 교회는 큰 교회를 비판하죠. 이것은 서로에게 좋지 않은 구조라고 생각합니다.

누가 크고 싶어서 크고 작고 싶어서 작겠습니까? 그저 커진 거고, 또 크려고 했는데 안 큰 거죠. 서로의 역할을 이해하고 협력하며 함께 시대적 사명을 잘 감당하는 것이 중요하다고 생각합니다. 온누리교회의 Acts29도 어떻게 하면 저희의 부흥을 다른 이들에게 나눠 줄까 하는 관점에서 진행하는 거죠.

최원준 • 2006년 사역은 어떤 방향을 계획이십니까?

하용조 • 2006년 한 해는 특별히 온누리교회의 팀워크를 더욱 이루어가고자 합니다. 서로 입장을 바꿔 대화도 나누고, 일도 하며, 봉사도 하면 좋을 것입니다. 이렇게 할 때 장점도 있고 단점도 있지만, 저는 기본적으로 무엇이든지 항상 장점을 보고 일을 합니다. 가능하면 다른 사람의 단점을 보지 않으려 합니다. 어느 조직도 단점이 있게 마련입니다. 단점을 보면 끝이 없습니다. 그 사람의 좋은 점을 보고 활용하면 되지, 꼭 그 사람의 단점을 파헤칠 필요는 없는 거지요. 그래서 서로 좋은 점을 배우는 겁니다.

비전교회 목사님들도 서로 돌아가면서 사역하는 겁니다. 이렇게 함으로써 많은 사람들이 온 세계를 품는 거예요. 이렇게 할 때 세계관도 넓어집니다. 이것이 '온누리'입니다. 온누리라는 이름 자체가 그런 의미를 갖고 있습니다. 온누리는 다양한 경험을 할 수 있는 곳이며, 많은 사람들과 만날 수 있는 곳입니다. 그 장점들을 100퍼센트 살려 시너지 효과를 내야 합니다. 온누리교회에는 수많은 인프라가 있습니다. 한 사람은 약하지만 팀워크를 만들고 여러 사람이 힘을 합하면 상상할 수 없는 능력이 솟구칠 것입니다.

최원준 • 팀워크를 성경적으로 어떻게 이해해야 합니까?

하용조 • 마태복음 6장 33절에서 "너희는 먼저 그의 나라와 그의 의를 구하라 그리하면 이 모든 것을 너희에게 더하시리라"라고 주님께서 말씀하신 것처럼, 먼저 하나님의 나라와 의를 구하는 겁니다.

우리가 어떤 분야에서 일을 하든지 가장 중요한 것은 먼저 그의 나라와 의를 구하는 것입니다. 이기적인 생각을 가질수록 손해를 봅니다. 자기중심적 사고를 할 수록 그만큼 자기 제한이 됩니다. 큰 이득을 얻을 것 같지만 가장 중요하고 결정적인 것은 모두 손해를 보게 됩니다. 자신을 내어 주고 포기하면 더 큰 것을 얻습니다.

온누리교회에는 엄청난 비전과 미래가 있습니다. 그러나 우리만 감당하기는 어렵습니다. 온누리교회가 작은 교회와 협력하지 않으면 큰 교회로서 아무 의미가 없습니다. 이웃 교회와 협력하면서 다른 사람들과 팀워크를 이룰 때, 온누리교회의 장점이 극대화된다고 봅니다. 온누리교회만 홀로 일한다면 아무 것도 할 수 없습니다.

성도들의 삶도 이와 마찬가지입니다. 자신의 일만 하면 안 됩니다. 남의 일을 도와주면 아름다운 일들이 이루어지게 됩니다. 그 이유는 간단합니다. 우리의 목표가 예수 그리스도이기 때문입니다. 우리의 목표가 하나님의 나라이기 때문입니다. 나의 일을 하는 게 아니라 하나님의 일을 하는 것이고, 나의 왕국을 만드는 게 아니라 하나님의 왕국을 만드는 것이기 때문입니다. 이럴 때 우리는 하나님의 놀라운 일들을 경험하게 됩니다.

전도서 4장 9-12절에 재미있는 말씀이 있어요. "두 사람이 한 사람보다 나음은 그들이 수고함으로 좋은 상을 얻을 것임이라 혹시 그들이 넘어지면 하나가 그 동무를 붙들어 일으키

려니와 홀로 있어 넘어지고 붙들어 일으킬 자가 없는 자에게는 화가 있으리라 또 두 사람이 함께 누우면 따뜻하거니와 한 사람이면 어찌 따뜻하랴 한 사람이면 패하겠거니와 두 사람이면 맞설 수 있나니 세 겹 줄은 쉽게 끊어지지 아니하느니라."

지금 우리에게 필요한 말씀이라고 생각합니다. 지금부터 훈련해야 합니다. 남을 섬기는 것, 남을 세워 주는 것, 팀워크를 하는 것, 자신을 죽이는 것이 중요합니다. 이렇게 할 때 한국 교회는 희망이 있습니다. 하나님 나라는 이루어질 것입니다. 하나님 나라는 한두 사람의 탁월한 지도자에 의해 만들어지는 게 아니라 모두 함께 만들어 가는 것입니다.

최원준 • 마지막으로 이 시대에 함께 섬기고 있는 한국 교회 목사님들 및 신학생들과 나누고 싶은 권면의 말씀이 있으시다면 부탁드리겠습니다.

하용조 • 우리는 서로가 서로를 필요로 하는 사람들입니다. 서로가 배척할 사람들이 아니고, 서로를 필요로 여기며, 격려와 위로를 얻어야 하는 사람입니다. 자랑스럽고 영광스러운 한국 교회로서 세계에 우뚝 섰으면 좋겠습니다. 또 많은 목회자녀들이 신학이 있는 목회를 지향하며 우직하고 충성스럽게 끝까지 하나님 나라를 이루는 데 헌신하는 동역자들로 자리매김한다면, 한국 교회는 반드시 변화될 것이라고 확신합니다.

지금 우리에게 필요한 말씀이라고 생각합니다.
지금부터 훈련해야 합니다. 남을 섬기는 것, 남을 세워 주는 것,
팀워크를 하는 것, 자신을 죽이는 것이 중요합니다.
이렇게 할 때 한국 교회는 희망이 있습니다.
하나님 나라는 이루어질 것입니다.

사랑의 대국이 되기를 소망합니다

2007년 2월 CGNTV 미네노 타쯔히로 목사와 특별 대담

함태경 • 국민일보 함태경 기자입니다. 일본 선교의 어제와 오늘 그리고 내일을 전망하는 시간을 갖고자 합니다. 지난 시간에는 하용조 목사님과 도이 류이치 일본 중의원과 인터뷰를 통해서 일본 선교의 현주소를 파악해 보았습니다. 오늘은 좀 더 심층적인 인터뷰를 통하여 한국 교회가 어떻게 일본 교회를 보다 더 섬길 수 있는가를 알아보도록 하겠습니다. 이를 위하여 하용조 목사님과 일본 요도바시교회 미네노 타쯔히로 목사님과의 인터뷰를 마련했습니다.
역시 일본 선교 하면 어렵다는 생각을 갖게 됩니다. 일본 선교, 일본 복음화가 어려운 이유가 어디에 있는지 한국 성도들

에게 미네노 목사님께서 말씀해 주시면 좋겠습니다.

미네노 • 매우 어려운 질문이라고 생각합니다만 그 질문에 확실하게 대답한다면 일본 선교에 관한 생각이 많이 바뀔 수도 있을 것입니다. 제 나름대로 생각한 것은 일본 사람의 정신 구조라고 할까요. 이것은 에도 시대부터 이어져 내려온 것으로 모두 잘 아시리라 생각합니다.

에도 시대(1603-1867)는 기독교에 대한 극심한 박해로 많은 순교자가 나왔습니다. 그 무렵에는 크리스천을 핍박해 일본의 사회에서 한 명도 남김없이 말살, 박멸하기 위해서 '도나리구미'라는 제도를 만들어 이웃끼리 서로를 감시하게 했습니다. 만일 누군가가 기독교에 적극적이거나 크리스천이 된다는 것을 알면 즉시 밀고하도록 하고 밀고하지 않는다면 밀고하지 않은 사람도 함께 처형당한다는 대단히 혹독한 법이었습니다. 당시의 일이 지금까지 이어지는 것이 아닐까라고 주장하는 학자가 있을 정도로 일본 사람은 언제나 주위에서 뭐라고 할까, 내가 이런 일을 하면 자신이 하는 일이 다른 사람으로부터 비난받지 않을까, 모두가 날 어떻게 생각할까, 등 자기 입장에 매우 신경을 쓰는 정신 구조가 자리잡아 있습니다.

그것이 은연중에 지금까지 전달되어 왔는데 좋은 점이기도 하지만 당당히 표현하지 못하고 늘 타인을 신경 쓰는(좋은 쪽으로 보면 타인을 배려한다고 볼 수도 있지만) 문화가 되었습니다. 일본에는 불교 신도가 많아 자신이 크리스천이 되는 것이 다른 사람들과의 관계를 어지럽게 하고 뒤에서 뭐라 말하지 않을까 염려하는 마음이 있습니다. 이것을 타파해 나가는 전도가 근본적으로 필요하다고 생각합니다.

한 가지 덧붙인다면 일본 사람은 팔백만 신과 같이 눈에 보이는 우상에 대해서는 접하기 쉽고, 생각하기 쉽다고 여깁니다. 그래서 쉽게 믿기도 합니다. 기독교의 유일신이나 보이지 않는 천지 만물의 절대자라는 관념을 일본 사람은 이해하지 못합니다. 보이지 않기 때문에 무서워하고 불안해하는, 그래서 무언가 보이는 것을 의지하고 싶어 합니다. 이것이 나무도 우상이 되는 이유입니다.

또 하나 말하자면 일본 사람은 물질문명 즉 이성이 매우 발달했습니다. 이성에 사로잡혀 손으로 만져지는 것 눈에 보이는 물질적인 것에서 행복을 찾으려 합니다. 이것이 일본 사람 안에 지배하고 있는 결정적인 문제가 아닐까 생각합니다. 그 생각을 깨뜨리는 전도를 하는 것이 중요하다고 생각합니다.

함태경 • 한국은 세계 선교의 세계 2위 입장에 있습니다. 그러나 사실상 우리 역사를 거슬러 올라가면 일본 교회를 통해서 한국 교회가 세워지는 20세기 초반의 역사도 있습니다. 그런 점에서 하용조 목사님께서 한국인들이 일본 교회나 일본인에 대해 어떤 마음을 가져야 하는지 말씀해 주시기 바랍니다.

하용조 • 한국과 일본 선교의 장애물이 크게 두 가지가 있다고 생각됩니다. 하나는 역사적 상처입니다. 아무리 좋은 것도 상처가 있기 때문에 복음을 주고받는데 장애가 됩니다. 두 번째로는 문화적 장애가 있다고 봐요. 한국 사람하고 일본 사람은 외모가 비슷해 보이나, 굉장히 다릅니다. 아주 비슷한데, 동시에 아주 다르다는 게 문제입니다. 이 장애의 벽을 먼저 제거시키고 그 다음에 복음의 본질 안으로 들어가게 되면 일본과 한국이 훨씬 복음적으로 서로 사랑을 주고받는 데 어려움이 없다고 봅니다.

함태경 • 현재 일본 교회의 상황을 알지 못하는 한국 성도들이 많을 것입니다. 미네노 목사님께 일본 교회의 현재 상황을 전해 듣기로는 목사님이 없는 교회도 상당수 있다고 들었습니다. 일본 교회의 상황에 대해서 말씀해 주시면 감사하겠습니다.

미네노 • 2000년대에 들어와서 일본 교회는 더욱 피폐했고, 매우 혼미하다고도 할 수 있는 상황입니다. 교회 지도자가 상심하고 한탄하고 있는 상황입니다. 여러분이 아시는 대로 많은 교회에 목사님이 없습니다. 이 말은 헌신자가 세워지지 않는다는 뜻이며 신도수가 늘지 않는다는 뜻입니다. 요즘 일본 교회는 대부분 주일학교가 정말 한산해져 버린 상황입니다. 일본 전국에 7,800개 정도의 교회가 있습니다만 주일예배 평균 출석자가 40명 정도입니다. 300명 이상 모여 예배를 드리는 교회는 스무 곳도 채 안 될 정도 입니다. 이것이 지금의 일본 교회이며 목사로서 부끄러운 일입니다.

함태경 • 이번에는 하용조 목사님께 질문하겠습니다. 하 목사님은 특별히 세상을 변화시키는 교회 운동을 통해서 참으로 한국 교회에 커다란 메시지를 전파하고 계신데요. 이와 같은 하나님 나라 확장을 또한 일본을 통해서 이루시려고 대단한 계획을 갖고 계신 걸로 알고 있습니다. 그렇게 때문에 일본을 선교적으로 어떻게 인식하고 계시고 우리가 어떤 관점을 가져야 되는지 말씀해 주시기 바랍니다.

하용조 • 일본 선교는 전 세계 선교라는 축을 놓고 볼 때 굉장히 중요한 위치에 있습니다. 그런데 일본 선교가 그렇게 만만치가 않고, 쉽지 않는 까닭은 아까 말한 대로 역사적인 과거와 문화적인 장벽때문입니다. 그렇다면 한국인으로서 일본 선교를 어떻게 할 것인가. 첫째는 복음에 대한 뜨거운 열정이 가장 중요합니다. 복음의 본질로 우리가 접근할 때 장벽, 언어, 문화, 역사를 다 뛰어넘을 수가 있습니다.

두 번째는 한국인이 가지고 있는 장점이 있고 일본 사람이 가지고 있는 장점이 있는데 서로 장점을 활용하면 그렇게 어렵지만은 않다는 것입니다. 예를 들면 일본에 지금 영향력을 주고 있는 것이 한류인데 그것은 한국 사람도 일본 사람도 서로 놀라고 있는 점이거든요. 그러니까 한류를 통해서 일본에 접근을 하게 되면 복음의 문을 열 수 있지 않을까 생각합니다.

세 번째는 저희들이 집중적으로 하려는 것이 두 가지인데, 하나는 CGNTV이구요 또 하나는 대형 집회입니다. 일본은 작은 교회나 작은 집회는 많은데 대형 집회를 해 본 적이 별로 없는 것 같아요. 한국은 그에 비해서 대형 집회가 많은데 그래서 저희들은 온 역량과 힘을 다 집중하려 해요.

함태경 : 호기심을 발동시키는 여론 조사가 있어서 말씀드리려고 합니다. 일전에 조사에 따르면 일본인 성인 인구의 4퍼센트, 10대는 약 7퍼센트가 기독교를 자신의 종교라고 대답했다고 합니다. 실질적으로 일본의 복음화율은 1퍼센트도 안 되는데 일본 사람들의 관심이 기독교에 어느 정도 있다는 반증이라고 봅니다.

그래서 미네노 목사님이 이와 같은 조사 결과를 알고 계시는지 그리고 더불어서 일본인들이 기독교에 대한 호기심을 갖게 된 이유가 무엇인지 분석해 주시면 좋겠습니다. 아마 그렇게 되면 한국인들이 일본을 이해하는 데 조금 더 도움이 될 것 같습니다.

미네노 • 저에게 대단히 위로와 희망을 주는 여론 조사 결과라고 생각합니다. 이 조사 결과가 사실이라고 생각합니다. 아니 그 이상이란 생각마저 합니다. 몇 년 전, 어느 라디오에서 대학생을 대상으로 조사한 적이 있습니다. 그때 특별한 종교가 없는 학생들에게 "만일 당신이 미래에 종교를 갖는다면 어떤 종교이겠습니까"란 질문을 했고 놀랍게도 80퍼센트에 가까운 젊은이들이 기독교에 동그라미를 쳤습니다. 또 결혼식을 "어떤 종교의 형식(불교, 신도식, 기독교, 기타)으로 진행할 생각입니까"라는 질문에 대부분이 기독교식으로 하고 싶다는 답을 했습니다. 이것은 잠재적으로 일본 젊은이들이 기독교에 호감을 가지고 있다는 뜻입니다. 저는 이들을 잠재적 크리스천이라고 부릅니다.

최근에는 기독교에 대해 반감을 가지고 있었던 고령자들까지도 기독교에 대해서 매우 호감을 가지고 있습니다. 말하자면 오랫동안 사랑과 순결함 그리고 평화, 아름다움 등으로 표현되는 것에 대해 특히 일본인의 윤리적인 경향에 있어서 일본인의 평균적인 감성에 기독교가 가장 잘 맞는다고 생각합니다. 모두로부터 지적을 받는 상황이 되면 자신을 숨겨서 크리스천이 되겠습니다라고 좀처럼 말하지 않지만 어떠한 기회로든 길이 열린다면 자신은 기독교로 가고 싶다는 마음을 많은 사람이 가지고 있습니다. 조금 전에는 어두운 이야기였지만 지금부터는 밝은 미래가 있다고 솔직하게 느끼고 있습니다.

함태경 • 듣고 나니까 큰 힘이 됩니다. 사실 저도 일본에 대해서 상당히 관심을 갖고 있기 때문에요. 오늘 하용조 목사님이 방금 말씀하셨던 러브소나타 이야기인데요. 결국 그것이 큰 틀에서 보면 문화 선교를 통해서 일본을 새롭게 갱신시킬 수 있는 아주 좋은 방법이라고 생각합니다. 그와 더불어 문화 선교의 가능성과 더불어 일본 교회를 옆에서 보시면서 일본 교회에 맞는 목회적 방식은 무엇인가, 전도는 무엇인가, 등에 대한 생각해 보셨는지요. 그것이 있으시면 나눠 주시면 좋겠습니다.

하용조 • 아까 미네노 목사님께서 말씀하신 것 중에서 많은 퍼센트의 젊은이들과 성인들이 기독교에 대해 관심이 있다는 얘기는 우리의 접근 방법이 나쁘다는 거죠. 현재의 전통적인 방법으로는 그 사람들과의 접촉이 잘 안 되지만 예수님과 하나님에 대해서는 관심이 있다는 이야기거든요. 그러니까 결론적으로 말하면 전통적인 교회가 태도를 바꾸고, 방법을 바꿔 접근하면 많은 사람들이 복음에 접촉될 수 있다라고 해석이 됩니다. 그것은 교회라는 곳, 목사라는 분 또 설교라는 것이 별로 매력이 없었다는 얘기죠. 그것이 매력이 있는 설교, 교회 또 목사님이 삶에 도움을 주는 분으로 인식을 전환시키는 것이 굉장히 중요하죠. 결국 그것을 전환시키는 방법은 문화라고 생각합니다. 문화는 언어를 초월하는 것이고 또 종족을 초월하는 것입니다. 예를 들어 크리스마스 문화나 부활절 문화로 접근하는 것입니다.

두 번째는 일본 젊은이들에게도 전통적인 교회에 그냥 들어오라고 하지 말고 적극적으로 젊은이들 문화에 일본의 목사님들이 대담하게 들어가면 만남의 광장이 만들어진다면 기독교의 진리는 보석처럼 빛나게 될 것입니다.

함태경 • 하 목사님께서 문화 선교의 중요성 그 다음에 교회의 세상에 대한 개방성을 말씀하셨는데요. 그와 더불어서 제가 듣기에는 일본 교회와 일본 전체 분위기에 가스펠이나 서구식 결혼 문화와 같은 것이 일본인들에게 상당히 어필하고 있다고 들었습니다. 가스펠 같은 경우 아주 좋은 하나님의 영적 토양이 새롭게 형성될 수 있다고 봅니다. 그런 면에서 일본 교회의 목회와 전도 방식의 다양한 접근이 필요한 것 같은데요. 미네노 목사님은 일본 교회의 목회적 방식이 어떤 면을 좀 더 개선할 필요가 있으며 좀 더 일본인 입장에서 어떻게 목회를 해 나가야 좋을지 말씀해 주시면 좋을 것 같습니다.

미네노 • 하 목사님께서 이번 러브소나타를 일본에서 개최해 주셔서 너무나 큰 힘이 되었으며 그리고 앞으로 일본 복음화를 위한 돌파구가 될 것이라고 생각합니다. 러브소나타 전도 방식은 기본적으로 사람의 마음을 움직이는 전도 방법이라고 생각합니다. 동시에 일본인은 문화에 관심도가 높습니다. 특히 지금의 일본은 인간성의 황폐로 사람들 마음이 많이 상처입고 병들어 있습니다. 그런 가운데 문화적인 터치로써 풍성한 마음과 따뜻한 마음으로 위로해 주기 때문에 좋은 전도 방법이라 생각됩니다. 또한 마음 안으로 일본 사람을 안아주기 때문에 마음이 열리기 쉬워지는 것이 일본 사람의 특성 중에 하나라고 생각합니다.

왜 가스펠이 믿지 않는 사람들에게 받아들여지고 있는가. 그것은 일본인의 상처 입은 심령이 해방되지 않은 슬픔과 채워지지 않는 것에 대해 음악을 통해 위로를 얻기 때문입니다.

문화를 통하여 기독교 선교가 일본에 들어오는 것이 좋습니다. 이런 점이 일본인의 마음과 문화에 대해 위화감을 없앴습니다. 정치나 그 외 다른 분야로 좀처럼 채워지지 않던 한국과 일본의 간극이 배우들과 멋진 사랑의 드라마와 영상으로 메워지고 있습니다. 스포츠로 본다면 한국 축구나 야구 등을 통해 인간에게 근본적으로 중요하고 필요한 부분이 연동함으로써 일본 선교의 귀한 돌파구가 될 것입니다. 이 일을 위해서 온누리교회와 하 목사님의 모든 사역이 꼭 맞아떨어질 것이라 생각하며 설레는 마음으로 기대하고 있습니다.

함태경 • 미네노 목사님은 한국 사역자들과도 일해 보셨구요. 또 하 목사님도 일본 사역자들과 동역하신 경험이 많은 걸로 알고 있는데요. 서로 사역을 하다 보면 양국 사역자들에 대한 인상이 있을 텐데요. 또 아쉬움도 있을 겁니다. 서로 권면의 말, 그것을 통해서 서로를 이해할 수 있으니까요. 말씀해 주시면 좋겠습니다.

하용조 • 일본 목사님들이나 일본 선교사님들은 굉장히 성실합니다. 약속하면 반드시 지키고 책임지지 못 할 일은 안합니다. 그리고 헌신도가 높기 때문에 한국의 좋은 점과 만나면 일본 선교가 그렇게 어렵지가 않을 거라 생각됩니다. 대신 일본 사람들은 순발력이 좀 약한 것 같습니다. 도전과 모험 정신이 약하기 때문에 확실하지 않으면 뛰어들지 않거든요. 근데 한국 사람들은 반대로 불확실한데도 비전과 믿음이 좋으면 열정을 바칩니다. 그래서 저는 일본 인과 한국인이 서로 팀을 이루면 기막힌 드림팀이 되어 환상적인 열매가 맺어질 것이라 생각합니다.

미네노 • 한국 목사님들과 교회가 일본 교회보다 더 일본의 구원을 뜨겁게 갈망하고 기도하며 여러 기회를 통해 우리에게 교제의 손길을 펼쳐 주셨습니다. 이러한 교제를 통해 지금 일본 교회가 큰 자극을 받았고 많은 가능성을 보았습니다. 일본 교회 젊은 목사님들은 더 배우고 변화되길 소망하고 있습니다. 일본 선교에 좋은 자극이며 큰 변혁을 가져 올 동기가 되었다고 생각합니다. 앞으로도 일본을 위해서 많이 기도해 주시고 오실 수 있는 기회에 또 오셔서 일본 교회 목사님, 성도님들, 청년 크리스천들과 교제를 나눌 기회를 넓혔으면 좋겠습니다. 한류와 같은 인적 교류가 적극적으로 진행되면 좋겠습니다. 또한 일본에 있는 약 700명의 선교사님께 감사하고 있습니다.

사랑하는 예수님이 거하시는 교회에 드릴 부탁이 있습니다. 하용조 목사님처럼 일본 문화와 일본 사람의 마음을 잘 이해하면서 한국의 훌륭한 영적이 파워 기도와 찬양 등 에너지가 넘치는 모습을 보여 주실 때 그것을 삼가거나 자제할 필요는 없습니다. 일본 안에서 적용하기 위해서는 땅을 고르게 한다는 비유를 해야 할까요. 일본 사람들은 주위 시선을 의식해 손을 들고 찬양할 때에도 같이 손을 들지 못하는 경우도 있습니다. 그런 마음을 충분히 파악하시고 거기에 맞는 방법을 고민할 필요가 있습니다. 시끄러운 사람들이 이사 와서 밤에도 잘 수 없다는 등 동네에서 곤란해 한다는 소문이 개척 교회와 선교사에 대해 나버리지 않도록 주의해야 합니다. 일본인은 한번 마음을 닫으면 좀처럼 열지 않습니다. 소문을 좋아하기 때문에 그 상황이 쭉 이어져서 어려움을 겪게 됩니다. 일본 선교를 위해 이점을 기억해 주신다면 좋은 열매가 맺힐 것입니다.

함태경 • 두 분 말씀을 들으면서 가슴이 뛰는데요. 두 목사님을 통해 한국과 일본의 드림팀이 형성되는 것 같습니다. 그런 면에서 러브소나타가 계획되어 있습니다. 제가 러브소나타의 계획을 들으면서 하나님의 세계 경영을 볼 수 있었습니다.

제가 중국에 있을 때 일본 선교사님을 만난 적이 있어요. 참 잘하시더라구요. 특별히 중국 현지에 있는 사람을 상당히 존중하구요. 문화를 충분히 이해하고 선교를 하시더라구요. 이제 온누리와 CGNTV가 일본 선교를 통해서 동력을 얻고, 더 나아가서 남미와 유럽과 아프리카 전 세계로 뻗어 나가면 좋겠습니다. 그런 것에 대해서 좀 구체적으로 말씀해 주세요. 그리고 미네노 목사님은 CGNTV와 온누리교회, 더 나아가서 한국 교회에 대한 바람도 말씀해 주세요. CGNTV가 일본 교회에 큰 도움이 될 거라고 생각됩니다. 그것에 대해서 바람을 말씀해 주시면 아마 적극적으로 섬길 수 있을 것 같습니다.

하용조 • 일본은 우리가 접근을 하지 않아서 그렇지 문화적 수준이나 이벤트 수준이 우리보다 훨씬 앞섭니다. 근데 그것이 기독교와 연관이 안 되어 있을 뿐이죠. 일본의 많은 노하우들과 테크놀로지들을 잘 활용하고 또 일본의 문화를 우리가 같이 배우면서 기독교 문화를 만들어 간다면 아주 놀라운 일들이 생겨날 것입니다. 또 한류 배우들을 이용해서 새로운 영화나 연극이나 또 드라마들이 생기면 좋겠다고 생각을 합니다.

미네노 • 방금 사회자로부터 받은 질문에 답한다면 첫째, 일본 크리스천은 은혜 받을 기회가 거의 없습니다. 도쿄나 오사카 등 대도시는 별도입니다만, 지방에 있는 목사님도 없는 교회에 있는 크리스천은 더욱 은혜 받을 만한 기회가 없습니다. 성경 공부는 물론 기도에 대한 기쁨을 몸으로 느낄 기회조차도 없습니다. 그런데 하 목사님이 일본에 CGNTV를 세워 주신 이번 사역은 일본 선교 역사에 큰 변화를 줄 것입니다.
일본 교회 전체와 특히 지방의 작은 교회도 텔레비전을 볼 수 있도록 안테나를 세우고 싶습니다. 그것으로 일본 크리스천은 은혜를 받을 것입니다. 영적으로 정신적으로 몸까지 치유되는 능력을 얻는다면 크리스천이 나서서 전도할 것이라고 생각합니다. 예를 들어 시골에 한 명밖에 없는 교인이 집에 텔레비전 보러 오라고 아주 좋은 것이 있다고 말한다면 구경하러 온 사람은 그것을 보고 일본에 작은 교회는 고만고만하다고 생각할테죠. 하지만 스케일이 크고 멋질 뿐 아니라 동경하는 한국의 스타가 등장하는 것을 보면 크리스천이란 굉장하구나라고 그 사람이 느낄 것입니다. 이것은 시작하는 크리스천에게 힘을 주는 선교가 될 것입니다.
두 번째로 한류라는 안성맞춤의 기회를 충분히 활용해서 러브소나타와 같은 전도 캠페인과 또는 CGNTV를 통해 혹은 인적 교류 등 여러 가지 방법을 사용할 수 있습니다. 국회의원을 초대하고 각계의 훌륭한 분들이나 스타들과 접하면서 교제를 한다든지 여러 방법에 실마리가 있을 것입니다. 음악, 스포츠, 정치 등 여러 장르에서 한국과의 교류를 선교의 지렛대로 사용하면 좋겠습니다. 이로 인해 일본 선교가 변하고 일본이 변한다면 세계가 일본으로부터 해를 받지 않을 것입니다. 이제 일본도 행복을 나눌 수 있는 나라로 바뀔 수 있다고 생각합니다.

저는 일본이 사랑의 대국이 되길 기도합니다. 지금은 사랑의 대국이기 이전에 사랑이 싸늘히 식어 버려 인간관계가 산산조각 난 상태입니다. 일본은 지금 붕괴해 가고 있습니다. 이것을 구할 수 있는 것은 한국의 여러분과 연계된 가운데 사랑을 나누는 문화 선교, 혹은 사랑의 복지 선교를 통해서 가능할 것입니다.

함태경 • 감사합니다. 마지막으로 CGNTV를 정말 온 세상에서 다 보고 있는데요, 기도 제목이 있다면 나눠 주세요.

하용조 • 일본에 목사님이 없는 지역 교회가 한 3천 개가 넘는다고 하는데, 이곳에 CGNTV 안테나를 다 세우고 싶습니다. 그리고 일본 사람들에게 희망과 용기를 주고 싶습니다.

미네노 • 앞으로 일본 목사인 저희가 더욱 용기를 내어 주위에 신경 쓰지 않고 담대히 행동하는 목사가 되려 합니다. 목사의 마인드부터 변혁되어 가지 않으면 안 된다고 절실히 느끼며 일본 선교를 위해 한국과 하나의 연합체가 되었다고 생각합니다. 아무쪼록 일본을 위해, 일본 목사들을 위해, 저를 위해 기도해 주셨으면 합니다.

설교는 하나님의 생각을 전하는 것입니다

2008년 1월 국민일보 기독교연구소 이태형 소장과 인터뷰

서울 서빙고동 온누리교회 담임 하용조 목사는 일주일에 세 번씩 혈액 투석을 받는다. 한번 투석하는 데 4시간이 걸린다. 평생을 당뇨와 고혈압, 결핵 등으로 고통받은 그는 간암에 걸려 6차례 수술을 받기도 했다. 요양을 해도 시원찮을 하 목사는 요즘 새해부터 시작된 온누리교회의 40일 새벽기도회에서 말씀을 전하고 있다.

지난해 말 투석을 받고 있는 서울의 모 병원과 온누리교회를 찾아 2차례에 걸쳐 하 목사와 장시간 대화를 나눴다. 누워서 투석을 받고 있는 하 목사의 모습을 보니 코끝이 찡해 왔다. 만신창이의 몸 상태에도 불구하고 하 목사를 강단에 서게 만드는 동력이 무엇인지 궁금했다.

이태형 • 지난 7개월 동안 일본에 머물며 치료를 받으신 것으로 알고 있습니다. 지금 몸 상태는 어떻습니까? 그리고 그런 상황 속에서도 강단에 설 수 있는 힘은 어디서 나옵니까?

하용조 • 매주 투석하고 있지만 목회와 설교를 하는 데 부족함은 없습니다. 투석할 때마다 느끼는 것이지만 바늘이 몸에 들어가는 순간 아픕니다. 그러나 그 고통은 순간입니다. 투석 받는 4시간은 저의 큐티 시간입니다. 주님과 동행하는 시간이지요. 고통은 저에게 깨달음과 은혜를 줍니다. 밤이 낮을 알게 하는 것과 같습니다. 고통이 있기 때문에 기쁨이 더 빛을 발하게 됩니다. 힘들지만 울지는 않습니다. 그러나 어느 한순간에 불안하고 두려워질 때가 있습니다. 믿음의 줄을 놓칠 때에 그렇지요. 믿음의 줄을 잡으면 그렇게 편할 수 없습니다.
왜 설교하러 강단에 서느냐고요? 사명이기 때문입니다. 주님이 저에게 설교자의 사명을 주셨습니다. 몸이 약하다 보니까 새삼 선배 목사님들이 말씀하셨던 '일사각오의 설교'에 대해서 생각하게 됩니다. 이 설교 마치고 어떻게 될지 모른다고 생각하니 매번 강단에 설 때마다 자세가 달라집니다. 사실 모든 목회자들이 매번 설교 때마다 일사각오의 정신으로 전해야 하는 것이지요. 그 설교를 듣고 생명을 되찾는 사람들이 생기니까요.

이태형 • 설교란 무엇입니까? 그리고 바른 설교란 어떤 것인지 나눠 주세요.

하용조 • 설교의 정의는 간단합니다. 하나님의 생각을 사람들에게 전해 주는 것입니다. 목사뿐 아니라 누구나 할 수 있는 것이지요. 평신도도 얼마든지 설교할 수 있습니다. 단지 아마추어와 프로의 차이가 있을 뿐입니다. 바른 설교는 설교자가 자신의 말을 전하지 않고 하나님의 말을 전하는 것입니다. 설교자가 열정을 가지고 자신의 생각과 이론을 전하는 것은 설교가 아닙니다. 강연입니다.
설교자는 철저히 자신이 하나님의 대리인이라는 사실을 명심해야 합니다. 요즘 한국 교회의 설교가 위기에 처해 있습니다. 설교의 위기는 한국 교회의 위기로 직결됩니다. 하나님의 생각을 전하지 않고 인간의 생각을 전하는 것이 바로 한국 교회 강단 위기의 본질입니다.

이태형 • 하나님의 생각을 바르게 전하기 위해서는 어떻게 해야 할까요?

하용조 • 먼저 하나님의 뜻을 정확히 알아야 하겠지요. 기도와 자기 성찰을 통해서 하나님의 뜻을 알 수 있습니다. 설교자는 끊임없이 회개하면서 자신을 돌아봐야 합니다. 더불어 설교를 듣는 사람들을 정확하게 이해해야 합니다. 공급자 중심의 시각이 아니라 수용자들의 필요를 생각해야 합니다. 이를 위해서는 문화적인 적응성이 필요합니다. 인간을 이해해야 하는 것이지요. 많은 설교자들이 수용자인 대중, 즉 인간들을 너무나 단편적으로 이해하고 있습니다. 자신이 단편적으로 이해하고 있는 것이 전부라고 생각하면 하나님의 말씀을 제대로 전할 수 없는 것이지요.

수용자 중심의 사고를 해야 하지만 간과해서는 안 될 사항이 있습니다. 설교자는 반드시 해야 할 말을 해야 한다는 것입니다. 대중이 원하는 말이 아니라 대중에게 해야 할 메시지를 전해야 합니다. 하나님의 생각은 우리 인간의 생각과는 다를 때가 많이 있다는 사실을 명심해야 합니다. 그러나 지금 한국 교회 강단에서는 너무 청중들이 원하는 메시지만 전해지고 있다는 느낌입니다. 이것이 바로 위기의 본질입니다.

이태형 • 목사님은 자신이 타고난 설교자라고 생각하십니까? 설교의 스타일이 있으십니까? (한국 교회사학연구원은 2005년에 하 목사를 한국 교회 10대 설교가 가운데 한명으로 선정했다.)

하용조 • 어떻게 제가 타고난 설교자라고 자부할 수 있겠습니까. 그러나 저는 설교를 즐깁니다. 강단에 서면 힘이 납니다. 그런 면에서 보면 타고난 설교자라고 할 수 있겠지요. 저의 설교를 굳이 구분한다면 큐티식 강해 설교라고 할 수 있습니다. 설교를 이미지화합니다. 주로 스토리텔링 기법을 사용하는데 제 설교를 듣는 사람들은 머릿속에 그림을 그릴 수 있습니다. 그저 스토리를 이야기하는 것이 아니라 '픽처 랭귀지'(picture language)라고 할까요. 그림 언어를 많이 사용합니다. 그러다 보니 설교가 웅변조가 아니라 설득적이고 호소적이게 됩니다. 용어를 사용할 때, 되도록이면 자극적이고 비판적인 내용을 선택하지 않으려 합니다.

이태형 • 설득을 하려다 보면 예언자적인 설교는 하기 힘들어지는 것 아닌가요.

하용조 • 설교자마다 스타일이 있습니다. 저는 예언자적 소리는 많이 하지 않습니다. 치유와 회복에 대한 이야기를 주로 합니다. 야단쳐서 사람들은 변하지 않습니다. 설교자의 삶을 통한 진정성이 깃든 말로 인해 변하는 것이지요. 예언자적인 설교를 하시는 분들도 많이 계십니다. 필요하지요. 모두 은사라고 생각합니다. 비판할 사람들은 열심히 비판하고, 싸매 주고 수술해 줘야 할 사람들은 그렇게 해야 합니다. 나는 수술한 것을 싸매는 사람이 되고 싶습니다. 아프다 보니 더욱 그렇게 생각됩니다.

이태형 • 많은 사람들이 궁금해 할 텐데요. 설교 준비는 어떻게 하십니까?

하용조 • 사실 목회자는 일주일 내내 설교 준비를 해야 합니다. 주일 설교가 끝나면 저는 다음 설교를 준비합니다. 일주일 동안 본문을 읽고 묵상합니다. 설교문은 직접 펜으로 씁니다. 수십 권의 손때가 묻은 설교 노트는 저의 귀중한 자산입니다. 설교문을 작성하는 데 하루나 이틀이 걸립니다. 설교문이 마음에 들지 않아 다 쓴 것을 다섯 번 찢은 적도 있습니다. 초창기에는 윌리엄 바클레이나 존 맥아더 목사, 이상근·박윤선 목사 등의 주석을 보았습니다. 그러나 지금은 주석을 사용하지 않는 대신 번역본을 많이 봅니다.

설교 테이프도 자주 듣습니다. 조용기(여의도순복음교회), 이동원(지구촌교회), 옥한흠(사랑의교회 원로), 목사 등 국내 목회자들과 빌 하이벨스(윌로크릭커뮤니티교회), 릭 워렌(새들백교회) 목사 등의 설교를 즐겨 듣습니다. 그러나 그분들의 설교를 카피하지는 않습니다. 사실 워렌 목사같이 설교하고 싶은 마음은 없습니다. 단지 참조할 뿐이지요. 모든 설교자들이 자신만의 독특한 스타일을 유지하는 것이 필요합니다.

이태형 • 설교 본문을 정하고 설교문을 작성하는 것은 결코 쉬운 작업이 아닌데요. 가끔 지난 설교를 리바이벌 하고 싶은 욕망이 생기지는 않습니까?

하용조 • 저는 설교를 리바이벌 하지 않습니다. 똑같은 설교를 다른 집회에서 해 본 적이 없습니다. 항상 새롭습니다. 해야 할 설교가 너무나 많습니다. 긴 시간에 걸쳐 사도행전에 관한 설교를 세 번 했습니다. 그러나 내용은 전부 달랐습니다. 3년에 걸쳐 창세기 설교를 했습니다. 마태복음 가지고는 5년, 로마서는 3년 설교했습니다. 강해 설교의 묘미가 있습니다. 지금은 이사야서를 하고 있습니다. 앞으로 예레미야나 에

스겔서를 하고 싶습니다. 모두 하려면 7-8년 걸릴 것입니다. 강해 설교를 하다 보면 죽을 때까지 매번 새로운 설교를 할 수 있습니다. 사실 온누리교회의 부흥 원동력은 이같은 강해 설교에 있습니다.

이태형 • 설교자라면 반드시 연구해야 할 설교가의 모델이 있다면 알려 주세요.

하용조 • 존 스토트나 로이드 존스, 존 맥아더, 빌 하이벨스 목사님의 책들을 즐겨 읽으면 좋습니다. 헨리 나우웬 신부의 책들도 빼놓아서는 안 됩니다. 아니, 효과적이면서 바른 설교를 하기 원하는 설교자라면 반드시 이들이 쓴 책들과 친숙해져야 합니다. 캠벨 모건과 데니스 레인 목사님의 책들도 설교자들이 가깝게 해야 합니다.

이태형 • 요즘 모두들 설교하기가 힘들어졌다고 말합니다. 설교의 위기 시대라고 말하는데요. 어떻게 생각하십니까?

하용조 • 설교의 위기는 설교자의 위기입니다. 설교자가 말씀에 대한 확고한 신념을 갖지 못하면 그가 무슨 말을 하더라도 아무 소용이 없습니다. 요즘은 설교 외에도 사람들이 들을 것들이 너무 많습니다. 그러다 보니 설교의 소중함을 깨닫기가 힘들어집니다. 이럴수록 목회자들은 하나님 말씀을 끝까지 붙들고 말씀으로 승부를 보려는 강한 의지를 가져야 합니다. 일사각오의 정신이 중요합니다. 목회자들은 죽을 각오로 설교를 준비하고, 이번 기회 외에는 전할 시간이 없다는 시급성을 갖고 설교를 전해야 합니다. 명심하십시오. 설교자가 살면 한국 교회가 삽니다.

몸이 약하다 보니까 새삼 선배 목사님들이 말씀하셨던
'일사각오의 설교'에 대해서 생각하게 됩니다.
이 설교 마치고 어떻게 될지 모른다고 생각하니
매번 강단에 설 때마다 자세가 달라집니다.
사실 모든 목회자들이 매번 설교 때마다
일사각오의 정신으로 전해야 하는 것이지요.
그 설교를 듣고 생명을 되찾는 사람들이 생기니까요.

기본이 곧 전부입니다

2008년 〈빛과소금〉 8월호 조정민 목사와 대담

간암 절제 수술을 받은 후 빠른 회복을 보인 하용조 목사가 병상에서 일어난 후 첫 번째 나들이를 했다. 수술 후 두 달이 넘는 회복 기간 동안 만난 하나님에 대한 이야기와 향후의 목회 방향, 그리고 어려운 위기를 겪고 있는 우리 사회에 대한 하용조 목사의 당부를 들어 보았다.

조정민 • 많이 바쁘시죠? 그리고 만나야 할 분도 많으시죠. 그러나 아무리 만나야 할 사람이 많지만 꼭 그렇게 만나고 싶은 분이 많지 않은 것도 사실입니다. 그동안 여러분들께서 많이 기다리시고 근황이 궁금하셨던 하용조 목사님 모셨습니다. 바쁘신 시간을 내주셔서 감사합니다. 뵙기에는 완전히 정상으로 회복되신 것 같은데 어떠십니까?

하용조 • 수술한 지 두 달 반 정도 지났습니다. 일주일 전까지만 해도 걸어 다니고 말하는 것이 굉장히 힘들었지만 이제는 좋아져서 교회도 나오고 인터뷰도 하게 되었습니다.

조정민 • 이번에 받으신 수술이 몇 번째 수술이십니까?

하용조 • 큰 수술로는 7번째입니다. 간암 재발이 6번 했기 때문에 이번에는 결정적인 수술을 했습니다. 원래 하려고 했던 간이식은 하지 못했습니다. 하지만 그동안 유착되고 숨겨진 암세포를 하나 발견해서 그것을 잘라내고, 임파선에 전이될 위험이 있는 것도 제거하는 수술을 10시간 동안 받았습니다.

조정민 • 병상에 오래 계셨는데 어떤 생각을 많이 하셨는지 궁금합니다.

하용조 • 병상에 오래 있으면 있을수록 더 생기가 돌고 한번 입원하고 나오면 새로운 일이 생깁니다. 하나님 앞에 궁금한 것이 하나 있는데, 이렇게 아프면 목회도 그만두고, 일도 그만둬야 하는데 자꾸 일이 생깁니다. 내가 만들었다고도 할 수 있고, 또 하나님이 주셨다고도 할 수 있는데 그게 바로 러브소나타입니다. 제 건강으로는 감당할 수 없는 어마어마한 일들이 진행되지만 몸은 여전히 아픈걸 경험하면서 내린 결론이 있습니다. 몸이 아픈 것은 병 때문에 아픈 것이 아니라 하나님의 다른 계획과 목적과 영적인 의미가 있다는 것입니다.

조정민 • 아플 때마다 일이 점점 커져서 어떻게 하십니까? (웃음)

하용조 • 단위도 커지고 규모도 커지는 것 같습니다. (웃음) 그런데 그것은 사람이 할 수 없는 일이었습니다. 저는 언제나 일을 할 때 하나님께 내가 할 수 있는 일인가? 아니면 하나님만이 하실 수 있는 일인가? 그 두 가지를 묻습니다. 내가 할 수 있는 일은 누구든지 할 수 있다고 생각합니다. 그렇지만 하나님만이 하실 수 있는 일이 있습니다. 그것은 내가 불가항력적이라고 생각합니다.

조정민 • 목사님께서는 일생 동안 큰 병을 많이 앓으셨는데

그 병이 한 번도 목회에 부담을 주거나 목회를 방해한 것이 아닌 것 같습니다

하용조 • 지금까지 목회를 해 오면서 한 번도 돈이 없어서 하나님의 일을 하지 못한 적이 없었습니다. 저는 가진 것이 없지만 하나님의 일을 하려고 하면 사람이 오고 돈이 왔습니다. 제가 한 가지 깨달은 것은 하나님의 일을 내가 계획했는데 사람이 오지 않으면 그것은 아닌 것입니다. 하나님은 당신의 일을 위해 사람을 보내 주시고 거기에 필요한 재정을 보내 주십니다.

조정민 • 이번 수술은 혈액 투석을 하면서 수술을 진행했기 때문에 의료진들은 보통사람들도 감당키 어려운 수술이라고 했습니다. 수술할 때는 어떤 각오를 가지고 하셨습니까?

하용조 • 저는 소풍 가는 마음으로 수술을 받았습니다. 어떤 면에서는 병이 생기면 기쁜 마음이 듭니다. 또 하나님의 기적이 잉태될 것을 기대하기 때문입니다. 그런데 병과 함께 살아가는 것이 아니라 청년과 같은 열정으로 일하고 싶다는 마음이 들어서 이제는 병과 이별해야겠습니다.

조정민 • 수술이 끝나고 마취에서 깨어나실 때는 어떤 느낌이셨습니까?

하용조 • 마취라는 것이 굉장히 고약했습니다. 수술 후 2주 정도 계속 진통제를 맞았습니다. 15분마다 진통제를 놓지 않으면 아파서 견딜 수가 없었습니다. 그런데 진통제를 맞으면 의식과 무의식이 혼재가 됩니다. 나중에는 아프지 않지만 굉장히 혼돈스러웠습니다. 진통제를 몸에서 떼고 보니 의식이 돌아오고 내가 살아났습니다.

조정민 • 그동안 병상에서 하나님께서 주신 목회에 대한 앞날의 특별한 계획을 세우신 것이 있으십니까?

하용조 • 목회 계획을 이야기하기 전에 한 가지 이야기하고 싶은 것은 천국과 지옥을 왔다 갔다 했다고 할까요? 영적 전쟁인 것 같습니다. 내 안에 있는 병마와 사탄이 저의 병을 이용해서 공격하는 것을 느꼈습니다. 그리고 그것을 치열한 영적 전투를 통해 저를 공격하는 사탄을 완전히 물리치는 기회가 되었습니다.

조정민 • 다시 한 번 하나님께서 목사님께 건강을 허락하셨으니 앞으로 하고 싶은 목회 계획이 있으십니까?

하용조 • 의도하지는 않았지만, 하나님의 뜻에 순종하고 열심히 사역하다 보니 온누리교회가 대형 교회가 되었습니다. 대형 교회가 할 수 있는 역할이 있고 작은 교회가 할 수 있는 역할이 있다고 봅니다. 항공모함도 필요하지만 구축함도 필요한 것과 같은 이치입니다. 그런데 항공모함 없이는 구축함이 존재할 수 없고, 구축함만 있으면 전쟁에서 굉장히 어려움에 빠질 수 있습니다. 그동안 온누리교회는 맥시멈으로 성장했다고 할 수 있습니다. 작은 교회들을 돌봐야겠다는 애정이 생기기 시작했습니다. 우리가 비전교회가 있지만 비전교회를 그동안 잘 돌보지 못했다는 안타까움이 생기기 시작했습니다.

조정민 • 목사님 입장에서 보면 교회를 돌본다는 것과 후배 목회자들을 양성하고 돌본다는 것은 맥이 닿는 것 같습니다. 후배 목회자들에게 평생 목회의 길을 달려온 선배의 입장에서 목사님께서 생각하시는 목회의 기본에 대해 한마디로 정의해 주십시오.

하용조 • 목회자를 비롯해 모든 사역을 하는 사람들은 마찬가지겠지만 가장 중요한 것이 두 가지가 있다고 생각합니다. 한 가지는 성령 충만입니다. 성령 충만해지면 모든 것이 쉬워집니다. 반대로 성령 충만하지 못하면 박사 학위를 몇 개나 얻어도 피곤하고 지혜가 부족합니다. 두 번째는 결국 목회는 사랑이라고 말할 수 있을 것 같습니다. 사랑보다 더 중요하고 소중한 가치는 없지만 우리들의 마음속은 냉랭해지고 식어 가는 까닭은 사랑이 없기 때문입니다. 사랑이 없으면 모든 것이 형식이 됩니다. 의무가 되고 짐이 됩니다. 그런데 사랑이 있으면 형식과 의무와 짐을 다 털어 버릴 수 있습니다. 그래서 성도들을 사랑하는 마음이 있어야 합니다. 목회자의 마음은 성도들로 가득해야 합니다.

조정민 • 목사님은 일생 동안 헌신된 목회자의 마음을 지키셨습니다. 그러면 목회자들이 그 마음을 잃지 않고 소진되지 않도록 돕기 위한 노하우를 듣고 싶습니다.

하용조 • 목회라고 하는 것은 결국은 하나님을 섬기고 사람을 섬기는 것인데, 자칫 잘못하면 자기 한계에 빠지기도 합니다. 결국은 성령 충만하면 다 제자리로 돌아오게 됩니다. 또 마음에 사랑을 품으면 원망과 불평이 사라지게 됩니다. 한 가지 더 이야기하자면 목회자들에게 더 필요한 것은 성경을 알아가고자 하는 마음입니다. 지식이 없어서 탈진됐다고 생각하고 자꾸 학위를 받고 공부를 하겠다고 합니다. 하지만 그것은 공부를 못해서 사역을 하지 못한 것이 아니고 기도의 줄이 끊어져서입니다.

조정민 • 목회는 결국 사람과의 관계를 어떻게 맺는가가 중요한데, 성도들과 관계를 맺는 부분에서 목사님만의 독특한 방식이 있습니까?

하용조 • 저는 성경에서 원칙을 찾습니다. 성경은 기본이 아니라 전부라고 생각합니다. 성경을 읽고 기도를 하면 지혜가 생깁니다. 저도 일을 좋아하는 사람이라 일에 빠지면 성경도 읽지 못하고 기도도 하지 못할 때가 있습니다. 성경 읽고 기도할 시간에 일을 쫓아다니는 실수를 하죠. 그런데 목회자가 반드시 기억해야 할 것은 사람마다 얼굴이 다르듯 성격이 모두 다르다는 것입니다. 획일적인 방법이 있을 수 없습니다. 그래서 성도들을 각각의 성향대로 이해하고 맞춰 주는 것이 필요합니다. 목회자들이 하는 가장 큰 실수가 자기 식으로 하는 것입니다.

조정민 • 목사님의 시대를 읽는 코드도 본받고 싶은 점 중 하나입니다. 시대를 읽기 위해 활용하는 방법은 무엇입니까?

하용조 • 물론 기본적으로 뉴스도 보고 책을 읽습니다. 그리고 만나는 사람들마다 그들의 의견을 청취하고 있습니다. 최근 사회 현상 중 아무리 생각해도 이것은 성경적인 방법이 아닌데 말하는 사람이 없을 때도 있습니다. 예수님의 방법이 아니라는 것입니다. 예수님이 민중의 힘을 이용해서 역사를 바꾸신 적은 한 번도 없습니다. 예수님의 방법은 섬김과 사랑과 순종입니다. 목회로 돌아와서 이것을 어떻게 조화하느냐가 중요합니다. 예수님의 말씀을 중요시하면서도 사회를 통합시키는 생각이 필요합니다. 이 시대에 중요한 이슈가 무엇인지 짚어내는 것이 필요합니다.

조정민 • 그렇다면 목회자들의 사회 참여 경계를 어떻게 구분하십니까?

하용조 • 사회 참여가 필요합니다. 저는 온누리교회는 그동안 말씀과 선교에 집중한 목회였습니다. 그러다 보니 사회를 돌보는 프로그램이 부족했습니다. 예를 들어 우리 교회가 공교육에 뛰어들어 학교 교육도 참여를 하거나 환경 문제에 참여를 하는 방향으로 목회가 다양화되어졌으면 하는 마음이 있습니다.

조정민 • 목사님은 목회 철학과 교회의 사회 참여에 절묘한 경계선을 유지하시는 것 같습니다. 그런 경계선에서 균형을 가지는 지혜가 있다고 봅니다. 후배 목회자들에게 조언하신다면 무엇을 강조하시겠습니까?

하용조 • 하나님께서 당신을 분명히 목회자로 부르셨다면 목회에 충실하고 정치적 사회 참여가 아닌 사회적 사회 참여로 방향을 잡아야 합니다. 우리 사회의 가장 큰 문제가 극단의 정치적 사회 참여를 하는 사람들의 목소리가 크다는 점입니다. 저는 사회 참여는 좋지만 정치적이고 이념적인 사회 참여는 굉장히 위험하다고 생각합니다.

조정민 • 온누리교회는 목사님께서 끊임없이 셀프 업그레이드를 통해서 성숙하고 변화해 온 교회라고 생각합니다. 목회자들의 영적인 성숙을 위해서는 어떤 조언을 하시고 싶으십니까?

하용조 • 도전하고 탈출하라는 조언을 하고 싶습니다. 어떤 면에서는 온누리를 떠날 필요가 있습니다. 익숙한 자리를 떠나 광야 생활을 해야 합니다. 목회자들도 광야 생활을 해 본 분과 하지 않은 분은 다릅니다.
사람에게는 내면의 소리가 있습니다. 설교를 해도 내면의 소리를 토하는 사람이 있고 세상 지식을 모아서 이야기하는 사람이 있습니다. 내면의 깊은 소리에는 성령님의 음성이 있습니다. 그리고 사람들이 내면의 세계로 들어가면 다 똑같습니다. 외형을 보면 다르지만 겉으로는 성격이 다른 것처럼 다 다르지만 내면으로 들어가 보면 인간의 심리적이고 영적인 문제들은 다 똑같습니다.

조정민 • 목사님 설교를 돌이켜보면 설교가 업그레이드 됐던 기회가 있으셨습니까?

하용조 • 있지요. 초기에는 제목별 설교를 많이 했습니다. 그런데 데니스 레인 목사님을 만나고 강해 설교를 배우게 됐고,

그 다음에는 큐티식 설교를 개발하게 됐습니다. 그리고 목사님들은 성경도 많이 읽어야 하지만 사이드 리딩이 많아야 합니다. 저는 절대 누군가의 말을 직접 인용하지 않습니다. 그런데 설교 내용에는 다 녹아 있습니다. 설교에서는 표현하지 않을 뿐입니다.

조정민 • 개인적인 멘토십을 갈망하는 후배 목회자들이 많습니다. 목사님께서도 여러 분들을 멘토로 두신 것으로 알고 있습니다.

하용조 • 인생에 있어서 멘토는 참 중요합니다. 저는 20대에 김준곤 목사님을 만났습니다. 김준곤 목사님에게는 그분만의 장점이 있습니다. 바로 '민족 복음화'에 대한 비전입니다. 그분은 비저너리입니다. 20대 청년기 7년 동안 그분 밑에서 아기가 엄마의 젖을 먹듯 영향을 공급받았습니다. 또 한 분 주선애 권사님은 제가 신학교를 가기 전부터 어머니처럼 섬겼던 분입니다. 그분에게는 언제나 가난한 사람이 관심이었습니다. 주선애 권사님을 통해서 배우는 것은 바로 긍휼의 마음이었습니다.

또 하나님은 목회자로써 배워야 할 멘토도 보내 주셨습니다.

그분이 바로 데니스 레인 목사님입니다. 그분의 강해 설교를 배웠습니다. 이런 분들을 통해서 제가 설교를 하거나, 사역을 하면서 균형을 잡고 방향을 잡게 하는 아이디어를 배울 수 있었습니다. 목사님들이 끊임없이 자신의 멘토를 찾아야 합니다.

조정민 • 온누리교회는 사도행전적인 교회를 꿈꾸면서 여기까지 왔는데, 교회를 통해서 끊임없이 많은 성도들이 주님께로 나아왔고 또 그분들을 통해서 목사님을 뒤쫓는 후배들도 많은데 그분들에게 교회에 대한 꿈을 전해 주신다면 어떤 것이 있을까요?

하용조 • 후배 목회자들에게 제가 전해 주고 싶은 말이 있다면 저는 늘 생각하는 것이 성경 지식이 부족하다는 것입니다. 자나 깨나 성경을 꼭 읽어야 한다는 말을 하고 싶고, 언제나 성령 충만하려고 노력해야 합니다. 그리고 은사가 아니면 가난한 사람들을 돌보지 못합니다. 내가 가난한 자를 돌보지 못해도 가난한 사람을 돌보는 사람을 돌보면 됩니다. 그렇게 하면 끊임없이 가난한 사람과 약자들을 생각해야 합니다.

조정민 • 요즘 들어 기독교에 대한 반대적인 정서들이 강하고 노골적인 공격이 심해지고 있는데 교회와 목회자들이 다 들어야 할 부분은 어떤 것이 있을까요?

하용조 • 가장 중요한 것은 인격과 권위입니다. 우리 기독교가 인격을 잃어버려서 이렇게 욕을 먹고 있습니다. 권위를 잃어버리면 사방에서 공격을 받게 됩니다. 지금 기독교가 공격 당하는 것은 스스로의 문제 때문입니다. 먼저 우리들 자신이 정말 권위 있고, 실력이 있고, 인격이 있으면 공격하고 싶어도 공격할 수 없습니다. 교회 안에서 소리 지르지만 말고 세상에 대해서 적극적으로 교회가 대처해야 합니다.

조정민 • 많이 회복하셨지만, 쉬라는 조언을 들으셨을 것 같습니다.

하용조 • 그럼요. 쉬라고 하기도 하고 건강이 중요하니까 은퇴하라는 분도 계셨습니다. 지난번 옥한흠 목사님을 만났는데 "하 목사, 좀 쉬어"라고 하시더군요. 그래서 제가 "저는 설교를 해야 살아납니다. 쉬면 죽습니다"라고 대답했더니 "그럴 수도 있겠다"라고 하시며 감동하셨습니다.

조정민 • 한 목회자가 하나님 앞에 바로 설 때, 한 교회가 하나님 앞에서 헌신될 때 하나님이 하셨다는 고백과 간증이 그치지 않는 사역과 교회가 되리라고 믿습니다. 크리스천과 목회자들의 새로운 도전에 도움이 되길 기대합니다. 목사님 오랫동안 말씀을 나눌 건강이 아님에도 불구하고 많은 말씀을 나눠 주셔서 감사드립니다.

하용조 • 마지막으로 여러분께 꼭 제안하고 싶은 것이 있습니다. 먼저, 날마다 기도에 힘쓰십시오. 성도의 기도는 능력이 있고 생명이 있습니다. 건강이 좋지 못한 저를 위해 기도해 준 많은 성도들의 기도가 없었다면 저는 아마 더 어려웠을 것입니다. 병과 싸워 이길 수 있는 능력은 바로 기도에서 얻을 수 있었습니다. 저를 위해 기도해 주신 많은 분들의 기도를 먹고 제가 다시 일어설 수 있었습니다. 기도를 통해 다시 병중에서 일어설 수 있었던 것처럼 여러분들도 기도의 능력으로 승리하십시오.

두 번째, 성령 충만하십시오. 모든 크리스천들이 일상 속에서 온전히 그리스도인다운 삶을 살아갈 수 있는 비결은 바로 성령 충만하는 것입니다. 우리의 삶이 성령님의 음성에 민감해지고 성령님으로 충만해진다면 막혀 있는 모든 문제들을 해결하는 것이 쉬워집니다. 반대로 성령 충만하지 못한다면 결국 우리의 삶은 언제나 실패하고 부족한 지혜로 허덕일 것입니다. 성령 충만하지 못한 삶은 결국 형식만 가득한 크리스천의 껍데기만이 남을 뿐입니다.

세 번째, 날마다 말씀을 묵상하십시오. 언제나 성령 충만하기 위해서는 자나 깨나 성경을 읽어야 합니다. 이 시대의 크리스천들에게 말하고 싶은 것은 바로 성경을 읽는 것을 게을리 한다는 것입니다.

성경은 크리스천의 기본이 아니라 전부입니다. 때로 하나님의 일을 하면서 일에 빠져 성경 읽는 것을 지키지 못할 때가 있습니다. 기도하고 성경을 읽어야 할 시간에 일을 하는 실수를 범하게 됩니다. 대개 성도들이나 사역자들이 탈진하거나 실패하는 이유는 지식이 없어서가 아니라 하나님이 주시는 지혜가 없어서입니다. 하나님의 지혜는 바로 성경에서 찾아야 합니다. 성경은 날마다 읽어야 하는 것입니다.

네 번째, 세상을 향한 시각을 가지십시오. 저는 언제나 세상을 향한 눈을 열고 있습니다. 크리스천의 삶이란 세상과의 분리가 아니라 세상 속을 하나님의 시각으로 바라보고 판단할 수 있어야 합니다. 뉴스도 보고 책도 보고 또 만나는 다양한 사람들의 의견에 귀를 기울이십시오. 세상의 이슈가 무엇인지 파악하고 그것에 대해 크리스천으로서 가져야 하는 하나님의 시각을 키우십시오.

다섯 번째, 신앙의 권위를 찾으십시오. 지금 우리가 살고 있는 이 시대에 교회와 크리스천들이 존경받지 못하는 이유는 바로 권위를 상실했기 때문입니다. 권위를 잃어버리면 바로 사탄의 공격을 받게 됩니다. 짠 맛을 잃어버린 소금은 사람들의 발에 밟힐 수밖에 없습니다. 능력 있는 크리스천은 누구에게나 인정받는 삶을 살아가는 사람입니다. 세상에서 크리스천으로 존중받을 수 있는 유일한 방법은 바로 당신이 신앙에서도 능력에서도 탁월해지는 방법뿐입니다.

사랑보다 더 중요하고 소중한 가치는 없지만
우리들의 마음속은 냉랭해지고 식어가는 까닭은 사랑이 없기 때문입니다.
사랑이 없으면 모든 것이 형식이 됩니다. 의무가 되고 짐이 됩니다.
그런데 사랑이 있으면 형식과 의무와 짐을 다 털어 버릴 수 있습니다.